均均◎编著

从小钱开始学理财

小钱致富

南方出版传媒
广东经济出版社
·广州·

图书在版编目（CIP）数据

小钱致富 / 均均编著. —广州：广东经济出版社，2019.7
（2024.2 重印）
ISBN 978 - 7 - 5454 - 6681 - 2

Ⅰ. ①小… Ⅱ. ①均… Ⅲ. ①私人投资 - 通俗读物 Ⅳ.
①F830.59 - 49

中国版本图书馆 CIP 数据核字（2019）第 054956 号

策划编辑：张晶晶 程梦菲
责任编辑：陈 潇 李雨昕
责任技编：陆俊帆
封面设计：李尘工作室

小钱致富
XIAOQIAN ZHIFU

出版人	刘卫平
出版发行	广东经济出版社（广州市环市东路水荫路 11 号 11 ~ 12 楼）
经销	全国新华书店
印刷	珠海市国彩印刷有限公司 （珠海市金湾区红旗镇永安一路国彩工业园）
开本	787 毫米 × 1092 毫米 1/32
印张	5.5
字数	80 000 字
版次	2019 年 8 月第 1 版
印次	2024 年 2 月第 3 次
书号	ISBN 978 - 7 - 5454 - 6681 - 2
定价	25.00 元

图书营销中心地址：广州市环市东路水荫路 11 号 11 楼
电话：（020）87393830 邮政编码：510075
如发现印装质量问题，影响阅读，请与本社联系
广东经济出版社常年法律顾问：胡志海律师

目 录 CONTENTS

第一章 你认为有多少钱，才算是富呢？ /001

（一）什么？！2.9亿元才能实现财务自由？ /002

（二）理财，从小钱开始 /006

（三）学会记账，才能知道自己有多富 /010

第二章 你是哪种类型的投资者？ /019

（一）理财能力测试 /020

（二）投资者类型测试 /034

第三章 做一个小钱理财的专家 /043

（一）银行储蓄及理财产品 /047

1．如何储蓄才能跑赢CPI？ /047

2．如何投资银行理财产品？ /052

（二）债券投资 /057
1．如何购买国债？ /058
2．债券的风险在哪里？ /070
（三）货币基金投资 /074
1．基金与货币基金 /074
2．七日年化收益率？T+0? /078
（四）股票投资 /082
1．炒股，心态最重要 /083
2．小钱，究竟是做短线还是做长线？ /085
3．股市看盘基础 /088
4．股市里的七个“坚决不买” /098
（五）保险理财 /100
1．除了保障，保险还有理财功能 /100
2．投资型保险有哪些种类？ /103
3．购买投资型保险要注意这些 /111

第四章 **离开始，还差两步！** /115
（一）第一步：分析你的财务状况 /116
（二）第二步：制订你的投资理财规划 /121

第五章 **这几个理财坑，千万别踩！** /131
（一）还没入市，可千万别被这些坑了！ /132

（二）代销理财产品&自有理财产品？小心银行“飞单”！ /136
（三）七日年化收益率也会骗人？ /141
（四）小心！理财骗子可能盯上了我们的父母！ /144

附录1 叮！这里有一份有关收益的名词解释，请查收！ /147
附录2 理财，你必须知道这20个网站 /153
附录3 金融网络安全攻略 /163

第一章

你认为有多少钱，才算是富呢？

（一）什么？！2.9亿元才能实现财务自由？

为什么要努力赚钱？因为钱可以买到自由呀！“人的本质不是喜欢钱，而是喜欢钱给予人的自由。”但当我们拼命工作赚钱时，自由往往不知不觉地从我们身边溜走了。我们追逐着自由的目标，往往代价就是失去自由。

富，说得“高档”一点，就叫财务自由。理论上它是指人无须为生活开销而努力工作赚钱的状态。简单地说，一个人的资产产生的被动收入至少要等于或超过他的日常开支，如果进入这种状态，就可以称之为财务自由。而根据胡润研究院发布的《2017中国千万富豪品牌倾向报告》，我国一线城市财务自由的门槛是2.9亿元人民币。290000000，完成这个数字，我只能靠想象力了。

不得不承认，2.9亿元离我们太遥远，接地气的财务自由应该分为不同的段位：菜市场财务自由（想吃什么菜就买什么菜），淘宝财务自由（想怎么“剁手”就怎么“剁手”），酒店财务自由（旅行时可以挑选任何想住的酒店），买房财务自由（想在哪安居就在哪安居）……

有句俗语说得好：“钱买不来幸福，但有钱挺好的。”有没有钱永远是个相对概念。有10万元的时候觉得有100万元就财务自由了，有100万元的时候觉得有1000万元才能财务自由，等有了1000万元，可能又会觉得钱永远不够。人的欲望就是个无底洞，拥有的越多，想要的就越多。此时你可能才发现，原来一切都是一个轮回。就好比吊在驴子面前的萝卜，每次驴子加快脚步往前赶的时候，萝卜似乎距离自己又近了一步，可惜很快就发现萝卜又远了。而我们每个人同这只驴子其实并没有多大分别。

所以，换个角度想一想，我们可以通过压缩欲望来让自己“变得”有钱。从这个角度来说，财务自由不一定得赚得多，只要你花得少，也行。事实上，很多人已经通过压缩欲望，实现了财务自由。他们崇尚极简生活，不让无尽的欲望挤压生活的幸福感。当然，个人认为最佳的方式是在极简主义和消费主义之间找到属于自己的平衡。

如果任由欲望膨胀，人生就会被困在欲望里而永远没办法实现自由。所以说，管理欲望是实现财务自由的必经之路。当然，除了通过管理欲望、减少消费这种做减法的方式来实现财务自由，我们还可以通过做加法的方式实现财务自由，那就是要想办法让手中的钱变得更多。

让钱变得更多有两种方法，一是通过劳动付出获得劳动收入，二是通过资本付出获得被动收入。在资本的世界里，如果你想通过劳动积累变得富有，实现财务自由，那未免有点异想天开。那么，什么是被动收入？如何获得被动收入？

美国国税局把收入划分为三种类型，分别是主动收入（即劳动收入）、被动收入、组合收入。其中，被动收入就是指不需要花费多少时间和精力，也不需要照看，就可以自动获得的收入，简单来说，是你已有的钱在帮你赚钱。这乍看上去有点像“不劳而获”，实际上，在获得被动收入之前，往往需要经过长时间的劳动和积累。总之，被动收入是获得财务自由和提前退休的必要前提。被动收入越多，表明财务自由度越高。

关于这一点，太史公在《史记·货殖列传》中也有类似的记载。太史公说：“无财作力，少有斗智，既饶争时。”这句话的意思是：在你年轻的时候没有本金，那就只能靠体力去赚钱；随着年纪的增长，在你财力尚不宽裕的时候就要靠智力去赚钱；等到你财力雄厚的时候，就要靠对时机的把握来赚钱了。太史公这句话的精髓在于，他指出了你是可以通过钱去赚钱的，也就是“钱生钱”的道理，用现在的话说就是通过投资理财来赚钱。

其实，只要管理好自己的欲望，能够通过投资理财来获得被动收入，那你离财务自由就会越来越近。

（二）理财，从小钱开始

巴菲特在6岁时就做了人生的第一笔交易，他用两毛五分钱买了6罐可口可乐，再以每罐五分钱的价格，卖给度假的游客。当同龄的孩子还在哭哭啼啼地跟父母伸手要钱的时候，11岁的巴菲特已经在股市小试身手，买进三股“花旗”的股票，这也为他日后的投资生涯揭开了序幕。

同样地，大投资家罗杰斯小时候就表现出了非同常人的理财天赋。他5岁的时候就在棒球赛场上捡空瓶赚钱，6岁的时候从父亲那借了100美元的“巨款”作为做生意的启动资金，买了一台花生烘烤机，并用了些小小的计谋获得了在少年棒球联合比赛中出售饮料和花生的许可权。5年后，他还清了欠父亲的100美元，不仅留下了烘烤机，还在自己的银行户头上存了100美元。

中国有句古话叫“三岁看大，七岁看老”。那些未来的富豪们很早就显示出了极高的理财天赋。他们的一个共同点就是：从小钱开始进行投资理财。所谓的“大钱”，都是从“小钱”积累起来的。真正懂得理财的人都知道，小钱的积累是很有必要的，尽管收效较慢，但长期坚持下去，总有积少成多的一天。

台湾著名企业家蔡万霖、蔡万春兄弟的理财方法就非常有参考价值。在蔡万霖、蔡万春兄弟还很小的时候，他们看到母亲做饭时，总是从定量的大米中抓出一小把米放进小坛子里，当作储备粮。别看只是一小把米，日积月累下来，竟储存下可观的粮食。当灾年到来时，母亲就取出一定的储备粮来供全家食用，使家人度过无饭可吃的危机。这件小事给蔡万霖、蔡万春兄弟以深刻的启迪，粮食可以积少成多，钱不也一样吗？假如每天能从自己的零用钱中拿出一部分存起来，时间一久，就肯定会是一笔可观的数字。通过这件小事情的启示，蔡氏兄弟开创了“一元钱开户幸福存款”的储蓄模式。正是靠这个储蓄活动，他们完成了足够的原始积累，为企业进一步的发展壮大奠定了基础。

在个人和家庭理财中，一定要重视小钱的积累。科学地省钱是个人和家庭理财中的一个重要组成部分，知道怎样省钱，才能更好地积攒家庭财富，减少财富流失。平时多注重小钱的积累，重要的时候就会有小钱的用武之地。合理地节流，是小钱理财的起点。

当然，只会省小钱是远远不够的。只让钱“躺”在那，过不了多久就会被CPI（居民消费价格指数）打败，钱就会变得不值钱了。因此，必须通过一定的投资理财手段，让手中的钱实现保值、增值。

许多人会说：“等我有钱了再理财。”这句话就像“等我长大了再学习”一样不切实际。因为如果忽视每一步的积累与良好理财习惯的养成，等到真的有一定的财务基础时，还是不会理财，甚至不愿意理财，这样离财务自由也就渐行渐远了。理财绝对不只是有钱人的专利，没钱才更需要理财，因为理财可以让你变得更有钱。

从小钱开始学习投资理财的好处，是资金进出不复杂，打理起来难度低。钱不多就少投资一点，最重要的是主动去了解金融市场，学习金融知识，熟悉各种金融规律，进而养成良好的投资理财习惯，这样等钱多的时候才会更加游刃有余。

（三）学会记账，才能知道自己有多富

“月光”甚至入不敷出已经是现代不少年轻人的财务现状。很多人拿着一份不错的薪水，却没能存下什么钱，总觉得自己并没有花多少钱，已经够精打细算了，但钱还是花光了。仔细回想，却不知道钱花在什么地方。

在消费主义的环境中，花钱实在是太容易了。“双十一”“6·18”“年终大促”“黑色星期五”等各种营销活动轮番“轰炸”，让消费行为在不知不觉中就发生了。另一方面，刷卡消费、手机移动端支付等便捷支付方式的发展，让人们越来越难捂紧自己的钱袋子了。

许多人以为，记账就是记录今天花了几十几百、

明天收了几分几毛的小学计算游戏。但实际上，一个好的记账方式，绝对不是数字加减那么简单。把账记好了，就会发现记账并不只是一个很简单乏味且让人悲伤的操作，它可以帮助你发现生活中的问题，并解决这些问题，从而踏上小康的康庄大道。即使记不出个所以然来，每天看看自己到底花了多少钱，也是极好的。

很多人都认为，自己攒不下钱的原因是因为赚得少。真的是这样吗？其实是因为他们没有合理地节流，而合理节流可以靠记账来实现。记账可以说是金融财经界的一种哲学实践，因为它可以回答关于金钱的“我是谁，从哪来，到哪去”这三个问题。记账有三个目的：一是了解自己的收支情况；二是分析自己过往支出的规律和收支变化趋势；三是根据前两步规划未来。之所以说记账是理财的第一步，是因为只有弄清楚自己的财务状况，才能考虑如何去做投资理财。再者说，等有一天你真的变得有钱了，只有通过记账，你才能搞清楚自己的财务状况，才能知道自己究竟有多富有呀！

那么，怎样做才能记得一手好账呢？

1. 坚持，是记账的核心

坚持是记账的核心。记账的目的之一是为了从日常收支中总结出规律，只有持久的、足够全面的收支记录才能体现出这种规律。很多人记账都只是一时兴起，几天之后就把记账抛之脑后了。坚持记账确实很难，不妨发个朋友圈，把你要开始记账的事情告诉身边的朋友，这样会给自己一种无形的压力，促使自己坚持下去。

行为心理学发现，一个人的新习惯或理念的形成及巩固至少需要21天，这种现象被称为“21天效应”。所以，不妨先督促自己坚持连续打卡记账21天。

2. 做好收入与支出的分类

记录收入与支出的第一步是管理好自己的“荷包”，这些“荷包”网罗了你所有的收入与支出。拥有的“荷包”个数不能太多，太多的“荷包”会给记账带来麻烦。拿我自己来说，一共有中国银行储蓄卡、建设银行储蓄卡、支付宝钱包、微信钱包这4个放钱的“荷包”，我的所有收支都发生在这4个“荷包”中。在每个记账周期的初始，我会记录下这4个“荷包”的余额，再在每个记账周期的期末记录4个“荷包”的余额。那么就能够很清楚地知道在这个记账周期中我究竟花了多少钱。

当然，这样做只是对收支整体的把握，而记账需要掌握每一条具体的收支情况。

先说支出部分的记录。单纯地记录数字只会让账越记越乱，最终陷入数字的陷阱中。一般而言，最好是按天进行记账。在每天的支出记录中，重点不在于今天花了多少钱，而是要反省一下，自己的钱都花到哪里去了。这里引入三个记录支出时需要用的简单分类概念：消费、浪费和投资。

【消费】

消费是购买生活必需品和支付使用费等开销的行为，是非生产性的。例如，伙食费、水电费、教育费、服装费、交通费，等等。

【浪费】

浪费指的是购买非生活必需品，一味追求享受等无意义的花费，也就是乱花钱。当然，也是非生产性的。例如，嗜好品（烟、酒、咖啡），超出自己接受程度的购物和赌博，固定的高额利息，等等。

【投资】

投资虽然不是生活中必不可少的，但对未来的自己有帮助，生产性很高。投资不单是指信托投资和理财，学习、读书等也都是投资。在生产性这点上，它与消费是截然不同的。例如，学习、买书的费用，信托投资，储蓄，等等。

——引自横山光昭《我最受用的理财书》

日常记账时，不妨将支出这一大条目分成这三个类别，然后填上相应的支出项目与数量，譬如这样：

类型	支出
消费	餐费：30元，肯德基
浪费	交通费：30元，打的
投资	学习费：28元，买书

你可能会问，30元的车费不是应该算“消费”么？

怎么写到“浪费”一栏里？

消费、浪费、投资这三个分类并不是一种既定的概念，三者的划分取决于记账人自己的价值观和原则。比如，你早上赖床导致上班快要迟到了，只好打车去上班。这种情况下，如果你觉得这是普通的出行需要，那这笔打车的钱就应该被算在“消费”中；但如果你很痛心，觉得要是自己更自律一点，不赖床就可以赶上公交车，不需要花出这笔打车费，那么这30元就需要被划分在“浪费”中。同样地，有人参加聚会，觉得只是无聊的应酬，就会把聚会上的花费当作“浪费”；而另一部分人参加聚会，觉得扩充了人脉、增加了见闻，那就会将聚会上的花费算作“投资”了。

钱到底花得值不值，和钱本身无关，取决于你花钱的时候是怎么想的。锱铢必较不是记账的目的，这样只会让你变成小气鬼。记账是为了让自己能够不糊涂，因此每天记账的时候，都需要对自己诚实，问问自己，这个钱花到点子上了吗？到底是算“消费”“浪费”还是“投资”呢？

定好了一天的支出记录模式，加上“合计”部分，我们一周的支出记录模式也就出来了：

类型	周一	周二	周三	周四	周五	周六	周日	合计
消费								
浪费								
投资								
合计								

我们不仅每天都需要对消费、浪费、投资进行分类，每周还要进行一次数目的总结，看看本周总共花了多少钱，三大类别分别都有多少，从而得出支出比例是否合理的结论。通过这种记录支出的方式，能够更方便地总结出自己的支出规律，才能更容易地做到合理节流。

说完支出，该说说收入了。收入的记录相对而言比支出简单得多，因为收入的类别发生次数相对较少且一般不会出现零散的数额。因此，比较简便的做法是将日收入写在每周支出表格的下面，简单列明收入项目和金额即可，不做过多细分。除了日结、周结之外，月结也是必不可少的。但是月结并不是按自然月算，而是按照发薪水的日子去计算。建议每个月以收到工资的那个星期为月记账的结束周，以收到工资的下一个星期为月记账的开始周。这样形成自己独特的财务周期后，才能更直接地了解自己的收支状况。

当然，收入和支出习惯带有浓厚的个人色彩，建议在具体记录时结合自己的行为习惯，形成最适合自己的收支记录方式。

3. 选择合适的记账工具

很多人一想到记账就无从下手，因为记账的过程中零零散散的数字实在是太多了。再加上储蓄卡、信用卡、支付宝、微信、股票账户等端口的多样化，分散了我们手中的钱，也就让记账变得更加不容易。

这种情况下，很多人会觉得在笔记本上记账已经远远应付不过来了。这里给出的建议是，运用记账App来实现更加有效的记账。

激烈的市场竞争催生了各式各样的记账App，各大记账App也变着法地迎合不同人群的记账习惯。日常流水账本、结婚账本、买房账本、生意账本等各类场景化的记账模式层出不穷，试图满足不同人群的记账需求。而且记账App有更全面、更详细的账目分类，还能自动帮你进行加减计算，使复杂的记账步骤变得简单易行。建议下载几种不同的记账App，花一段时间试用，从中找出最适合自己的那一款。

4. 学会分析总结

记账的最终目的就是发现问题。在记账这件事情上，记录是过程，分析是目的，只记账不分析，记一辈子账也只能是一堆糊涂账。

每周记账完毕后，可以抽出20分钟的时间，对一周以来的收支情况进行一个简单的归纳，看一下支出主要集中在哪些方面，这些支出是必要性支出还是非必要性支出，有哪些钱是可花可不花的，在接下来的一周中进行调整，避免产生更多的非必要性支出。每周归纳完毕后，到了月底还要对一个月以来的收入和消费情况做一个比较全面的分析和总结。同样地，每一年也要对自己的账本做出年度总结。当看到自己辛辛苦苦坚持了一年的账目时，一定会感谢那个坚持的自己。你也必定能从这一年的账本中发现增加生活幸福感的方式。

只有做到分析和总结，记账才能算是最终完成。

第二章 你是哪种类型的投资者？

投资理财不是盲目的，在开始之前，你得先评估一下自己的理财能力，再判断自己是哪种类型的投资者，这样才能够做到有的放矢。

（一）理财能力测试

衡量智力高低的叫智商（IQ，Intelligence Quotient），衡量情绪能力高低的叫情商（EQ，Emotional Quotient），那么，衡量理财能力高低的指标是什么呢？答案是财商（FQ，Financial Quotient）。

研究人员发现，普通人往往对收入和财富的概念不加区分。一个人可能收入颇丰，但如果全花掉了，那么，他的财富并不多。财富是指你积累下来的钱财，而不是你花掉的钱财。研究发现，在变得富有的道路上，运气、遗产继承、高贵出身，甚至高智力因素都不是最重要的，重要的是辛勤工作、坚持不懈、善于计划、特别是拥有严于律己的生活方式。有钱人都有哪些共同特点呢？最重要的四点是：他们过着“多入少出”的生活；他们能够有效地分配时间、精力和金钱，致力于财富的积累；他们相信，财务上的充分自立比展示自身高层次的社会地位更重要；他们在抓住市场机会并获利方面，远超普通人，换言之，他们的财商一流。

“财商”一词的本意是“金融智商”，最早由美国作家兼企业家罗伯特·清崎在《富爸爸穷爸爸》一书中提出，就是指一个人与金钱（财富）打交道的能力。这种能力包括两个方面：一是创造财富及认识财富倍增规律的能力；二是驾驭财富及应用财富的能力。成年人90%的烦恼，其实都跟钱有关。拥有高财商，就能减少生活中的烦恼。财商与智商、情商并列为现代社会能力三大不可或缺的素质。可以这样理解，智商反映的是人作为自然人的自然生存能力；情商反映的是人作为社会人的社会生存能力；而财商反映的则是人作为经济人在经济交易型社会中的经济生存能力。高财商往往意味着较高的理财能力。

那么，你的财商水平也就是你的理财能力怎么样呢？让我们通过20道测试题来测一测吧。

（1）你即将有一段18小时的飞机旅行，而为了行李轻便你只能带一本书上飞机。你需要从两本书中做选择，其中一本是你很喜欢的一位作家的新书，但这本书的口碑不怎么样；另一本是最近的畅销书，可除了知道它畅销外你对它一无所知。你会（　　）。

A. 选择畅销书

B. 选择你喜欢的作家的新书

（2）你准备去看正在上映的一部热度很高的电影，你想买20：30的票，电影院的工作人员却告诉你那个时间段的票已经卖完了，只剩下午夜场的票了。她还告诉你，20：45会放映另一部电影，但这部电影你完全不了解。你会（　　）。

A. 购买新电影的票

B. 买午夜场的票

（3）你去实体店买衣服，看中一条裙子，但你喜欢的颜色缺货。导购告诉你，其他店面有货，不过因为是打折季，不一定能够为你留货。你会（　　）。

A. 马上赶到有货的店面买下裙子

B. 买下手中颜色并不那么合适的裙子

（4）下面哪件事会让你最开心？（　　）。

A. 你买彩票中了10万元

B. 你从一个富有的亲戚那里继承了10万元

C. 你冒着风险，投资的2000元的期权带来了10万元的收益

D. 你很高兴能有10万元的收益，无论是通过什么渠道

（5）你继承了你亲戚100万元的房子，这栋房子已经付清了所有的按揭贷款。尽管房子很破旧，但因为地段不错，房子的升值空间很大。目前，房子正在出租，每月租金收入1500元。如果你重新装修房子，租金可以提到2000元。装修费预计需要10万元，这10万元可以通过抵押房子贷款来获得。你会（　　）。

A. 现在就卖掉房子

B. 维持现有租约

C. 装修房子后，再出租

（6）你买了一只股票，一个月后跌去了15%的总价值。假设该投资的其他任何基本面都没有改变，你会（　　）。

A. 按兵不动，坐等投资回到原有价值

B. 为防止亏损变大，立马卖出

C. 在当前的低点买入更多

（7）假设你面临如下选择，你会选择（　　）。

A. 100%的机会得到2000元

B. 50%的机会得到4000元

C. 20%的机会得到10000元

D. 5%的机会得到100000元

（8）一些专家预计黄金和房屋的价格会上升，而债券的价格会下跌。而你手中正持有大量政府债券，你会（　　）。

A. 继续持有债券

B. 卖掉手中债券，然后把一半资金购买黄金，另一半购买房子

C. 卖掉手中债券，然后用所有的资金买房子

D. 卖掉手中债券，然后用所有的资金买房子，并向别人借钱投资房产

（9）你购买的一只股票，一个月后暴涨了50%，假设后期你无法判断其涨跌趋势，你会（　　）。

A. 卖掉它，赚得50%的收益

B. 继续持有，期待更高的收益

C. 买入更多，也许它还会涨得更高

（10）你在一家私营的呈上升期的小型电商企业工作。公司通过向员工出售股票募集资金。但公司的正式上市，至少要在3年后。如果你现在持有公司股票，就只有在公司上市后才能卖出。并且这3年内，股票不分红。根据一般经验，公司一旦上市，你的股票会上涨10~20倍。此时你会（　　）。

A. 不买公司股票

B. 用一个月的薪水购买公司股票

C. 用半年的薪水购买公司股票

D. 用一年的薪水购买公司股票

（11）你去实体店购买电脑，选好品牌和机型后，店员告诉你，用来做销售展示的电脑有8成新，如果购买可以打7折，全新的电脑是没有折扣的，那么你会（　　）。

A. 依旧选择购买全新的电脑

B. 选择购买打7折的电脑

（12）以下四种投资选择，你会更倾向于（　　）。

A. 好的情况下会有500元收益，坏的情况下会损失0元

B. 好的情况下会有2000元收益，坏的情况下会损失500元

C. 好的情况下会有5000元收益，坏的情况下会损失2000元

D. 好的情况下会有10000元收益，坏的情况下会损失5000元

（13）在一项博彩游戏中，你已经输了1000元，此时你会（　　）。

A. 就此收手

B. 为了赢回输掉的1000元，再投100元

C. 为了赢回输掉的1000元，再投500元

D. 为了赢回输掉的1000元，再投1000元

E. 为了赢回输掉的1000元，再投超过1000元

（14）如果你现在手中有10000元现金，要求你必须选择以下其中一项，你会选择（　　）。

A. 100%的机会多赚2000元

B. 50%的机会能再赚10000元，50%的机会亏损5000元

（15）假设你准备用100000元做投资，你会选择（　　）。

A. 存银行定期

B. 投资一只股票基金

C. 投资一个拥有10只蓝筹股票的投资组合

D. 投资黄金

（16）高风险投资包括期货和期权，中风险投资包括股票和股票基金，低风险投资包括债券和债券基金，如果你有10000元做投资，你会选

择（　　）。

A. 低风险占60%，中风险占30%，高风险占10%

B. 低风险占30%，中风险占40%，高风险占30%

C. 低风险占10%，中风险占40%，高风险占50%

（17）下面两种投资结果，你比较喜欢的是（　　）。

A. 投资货币市场基金，长期风险较低，但会目睹今后6个月激进增长型基金不断增长

B. 投资风险较高，但今后6个月会不断增长的激进增长型基金

（18）假设你喜欢运用不同的理财工具，例如股票、基金、期货等。当行情看涨时，你会利用借款来扩张你的额度吗？（　　）。

A. 肯定会

B. 有可能

C. 不会

（19）投资的亏损只是暂时的，只要继续持有，一定能盈利。你同意这种说法吗？（　　）。

A. 非常同意

B. 同意

C. 可以接受

D. 不同意

E. 绝不同意

（20）当行情看跌时，你是否会继续持有手中的股票等投资品？（　　）。

A. 肯定会

B. 有可能会

C. 不确定

D. 可能不会

E. 绝对不会

选完之后，让我们来看一下评分标准吧！选项A对应的是0分，选项B对应的是1分，选项C对应的是2分，选项D对应的是3分，选项E对应的是4分。计算出你的总得分，对应下面的评析，看看你的财商也就是你的理财能力怎么样吧！

■ 0~15分

理财点评：你的财商有点“捉急”，并且对自己理财没什么信心。目前你对理财基本上一无所知，你要学习的理财知识很多，投资对你而言还比较困难。建议你从最基本的理财产品入手。

投资趋向：或许你现在手中的资金还很有限，但是你要知道，理财是从小钱开始的。

建议投资组合：100%货币市场基金，包括银行定期存款、政府短期债券等。

■ 15~30分

理财点评：你有一定的理财能力，但必须努力提升自己的财商。你已经初步意识到你手中的钱需要打理，建议你多看看周围的人是如何管理钱袋子的，多关注理财信息，了解各大理财工具。

投资趋向：你期望获得一定的资本增值，且注重投资的稳定成长，可以承受一定的风险，但更希望自己的投资风险小于市场的整体风险。

建议投资组合：45%的股票+50%的债券或基金+5%的现金。

■ 30~35分

理财点评：你的理财能力很不错，不管是理财知识还是实际操作，你都能够游刃有余。你能够十分独立地做出投资决策，但难免判断失误，多听听其他专家或身边厉害的朋友的意见，你会发现你能够做得更好。

投资趋向：你的个人财务比较宽裕，有足够的资金保障，对未来的收入也比较乐观。你的投资组合可以丰富一点，股票的比例可以不必太低，但也应注意持有一定的现金流。

建议投资组合：60%的股票+30%的基金+5%的债券+5%的现金。

■ 35分以上

理财点评：你的财商很高，理财能力非常强，能够十分正确地做出投资决策。你懂得如何充分利用身边的资源获取最大收益，你的理财目的可能不是在短期内提现，所以你有很高的回报波动承受能力，追求的是长期收益。

你的得分怎么样呢？如果得分不高，也不要气馁，毕竟财商更多地取决于后期的培养、训练。当然，类似测试虽然不能十分准确地判断出你的财商以及理财水平，但也能够让你对自身的理财选择偏好有一个更深层次的了解。在进行投资理财前，除了要对自己的理财能力有一个初步判断外，还需要了解自己的投资风险偏好，知道自己是哪种类型的投资者。

（二）投资者类型测试

不同的人对风险的态度是存在差异的，一部分人可能喜欢大得大失的刺激，另一部分人则可能更愿意求稳。按照对风险的偏好程度，不同的人可被划分为风险回避者、风险追求者和风险中立者。风险回避者选择投资产品的态度是：当预期收益率相同时，偏好于具有低风险的投资产品，而风险一样时，则钟情于具有高预期收益率的投资产品。与风险回避者恰恰相反，风险追求者通常主动追求风险，喜欢收益的动荡胜于喜欢收益的稳定，他们选择投资产品的原则是：当预期收益相同时，选择风险高的投资产品，因为这会给他们带来更大的效用。风险中立者通常既不回避风险，也不主动追求风险，他们选择投资产品的标准是预期收益的大小，而不管风险状况如何。

不同的投资机构往往会根据自身需要，将投资者按风险偏好程度或风险承受能力划分为不同的类型。例如，中国证券投资基金业协会发布的《基金募集机构投资者适当性管理实施指引（试行）》征求意见稿中，要求基金募集人对投资者依风险承受能力进行分类，再匹配不同风险等级的基金产品或服务。将普通投资者按照风险承受能力由低到高至少分为C1（含风险承受能力最低类别）、C2、C3、C4、C5五种类型；将基金产品按风险从低到高划分为R1、R2、R3、R4、R5五个等级，普通投资者与基金产品或者服务的风险要相匹配。

每个人对待风险的态度不同，选择理财产品时所考量的因素就不同，期望值也就不同。同一个人也可能在不同的时期、不同的年龄阶段及因为其他因素的变化而表现出不同的风险偏好与风险承受能力。因此，了解自己的风险偏好及承受能力，是选择理财产品的第一步。下面，就通过10道测试题，来测测你属于哪种类型的投资者吧！

（1）你目前的个人及家庭的财务状况是（　　）。

A. 有较大数额未到期贷款或借款

B. 收入和支出相抵

C. 有一定积蓄

D. 有较为丰厚的积蓄并有一定的投资

E. 比较宽裕且有相当的投资

（2）最近你个人或家庭预计或已经进行证券投资的资金占总资产（不含自住、自用房产及汽车等固定资产）的比例是（　　）。

A. 70%~100%

B. 50%~70%

C. 30%~50%

D. 10%~30%

E. 0~10%

（3）你的年收入是（　　）。

A. 小于10万元

B. 10万~50万元

C. 50万~100万元

D. 100万~500万元

E. 500万元以上

（4）你希望获得的年收益率是多少？（　　）。

A. 相当于储蓄存款收益率

B. 相当于通货膨胀率

C. 高于通货膨胀率，只要保值并略有增值即可

D. 接近或相当于股票市场平均收益率

E. 大大超过股票市场平均收益率

（5）你是否有过股票、基金等理财产品的投资经历，如有，投资时间是多长？（　　）。

A. 没有

B. 有，但是不到1年

C. 有，1~3年

D. 有，3~5年

E. 有，5年及5年以上

（6）你计划中的投资期限是多长？（　　）。

A. 不到1年

B. 1~2年

C. 2~3年

D. 3~5年

E. 5年及5年以上

（7）你投资理财产品的主要目的是（　　）。

A. 平时生活保障，赚点补贴家用

B. 养老

C. 子女教育

D. 资产增值

E. 家庭富裕

（8）如果你的股票型基金投资暂时亏损了30%，你会怎么办？（　　）。

A. 无法承受风险，准备赎回或卖掉

B. 3~6个月内如果还是亏损30%，就准备赎回或卖掉

C. 1年之内还是亏损30%，就准备赎回或卖掉

D. 2~3年内都可以持有，等待机会

E. 没关系，可以长期持有，等待机会

（9）以下几种投资模式，你更偏好哪种模式？（ ）。

A. 收益只有5%，但不亏损

B. 收益15%，但可能亏损5%

C. 收益30%，但可能亏损15%

D. 收益50%，但可能亏损30%

E. 收益100%，但可能亏损60%

（10）你认为自己能承受的最大投资损失是多少？（ ）。

A. ＜10%

B. 10%~20%

C. 20%~30%

D. 30%~50%

E. ＞50%

以上10道测试题的A、B、C、D、E五个选项对应的得分依次为2分、4分、6分、8分、10分。你的得分越高，证明你的风险承受能力越强。

■ 20~36分，保守型投资者

你本能地抗拒风险，不抱碰运气的侥幸心理，保护本金不受损失和保持资产的流动性是首要目标。你通常不愿意承受投资波动对心理的煎熬，追求稳定。对投资的态度是希望投资收益极度稳定，不愿用高风险来换取高收益，通常不太在意资金是否有较大增值。

■ 37~52分，稳健型投资者

你能接受一定的价格波动和投资风险，但你不会轻易尝试风险较大的投资品种，因为相较于高收益，你更愿意追求投资的稳健性。你追求的是在本金安全的基础上能有一些增值收入，但常常因回避风险最终不会采取任何行动。

■ 53~68分，均衡型投资者

你渴望有较高的投资收益，并且对风险有清醒的认识。但在追求高收益的目标时，又不愿意自己的投资风险高于市场整体风险。你更倾向于投资收益长期、稳步地增长，而不会采取激进的办法去达到目标，试图在事情的两极之间找到相对妥协、均衡的点。

■ 69~84分，轻度进取型投资者

你对自己很有信心，敢于冒风险去追求高收益，专注于投资的长期价值，也追求短期的波动收益。你常常会为了提高投资收益主动采取一些行动，并愿意为此承受较大的风险，但也不会忘记给自己留条后路。

■ 85~100分，进取型投资者

你非常自信，迫切地追求极度的成功。常常不留后路以激励自己向前，不畏失败的风险，愿意承受可能出现的大幅波动，以换取资金高成长的可能性。为了最大限度地获得资金增值，你常常会将大部分资金投入风险较高的品种。

相信经过以上两个测试后，你对自己的理财能力和理财偏好有了一个基本的判断，但这仅仅只是开始。为了进一步提升你的理财能力，选出合适的理财产品，接下来你需要做的是了解基本的理财途径，分析各种理财产品的优势及风险，并全面掌握各种理财方式的基本操作方法。

第三章 做一个小钱理财的专家

近些年来，各类金融机构间竞争加剧，各类投资理财产品层出不穷。作为投资小白，在面对如此纷繁复杂的投资理财产品时，难免被搅晕了头脑。这时，有人就会盲目跟风投资，“股市热”的时候就一股脑地把钱全投入股市，“黄金热”的时候就把钱全用来炒黄金。而在选择投资产品时，最忌讳的就是这种从众行为。因为每个投资者的财务状况不同，风险承受能力不同，追求的投资收益也不同，所以不管是理财还是其他方面都要有自己的思考，切忌掉入“羊群效应”。

还有一种情况是，很多人认为自己缺乏理财知识，所以把希望全寄托在理财专家的身上。各类投资产品都会有一些专家的分析，这类专家的分析结果有一定的依据，但其不足的是，专家们往往只是从宏观方面进行分析，对具体投资操作的指导性还是十分有限的。另外，由于理财的个性化特色十分明显，就算是有一对一的理财专家为你服务，他也需要对你的各方面情况有深入的了解后才能够给出合理的理财规划。如果在和理财专家的沟通过程中，你对理财知识完全不了解，就会造成你和理财专家之间沟通不畅，甚至产生误解，这会大大影响你的投资收益。再说，如果你完全不了解投资理财的知识，那对市场上某些“专家”来说，你就是一只待宰的羔羊。

所以，正确的做法是，抱着学习的心态，保持对宏观经济形势的持续关注，主动去了解一些经济金融知识，掌握投资理财的基本知识与操作方法，从小钱开始不断积累投资理财经验，做自己的理财专家。投资之前先学习，不了解、看不懂就不投资。

投资理财的知识说不难是不可能的，纷繁复杂的产品、错综复杂的收益计算方法，就算是金融领域的教授也不一定理得清。但对普通的投资者来说，其实只需要了解5种比较简单的投资渠道就够用了，这5种投资渠道分别是银行、债券、货币基金、股票和保险。

让我们先通过一张表格，对这5种投资渠道进行初步认识。

投资渠道		发行主体	风险性	收益性	流动性	优势	劣势	适合人群
银行	储蓄	银行	极低	极低	活期流动性高，定期流动性较低	风险极低，操作简单	收益性太低，甚至跑不赢通货膨胀	保守型投资者，风险厌恶者
	理财产品	银行	分保本型和非保本型	中等	一般	收益性高于普通存款	一般设有起投门槛	稳健型投资者
债券		政府、企业等	低	中等	一般	收益固定，且风险低	非常抢手，不好买	均衡型投资者
货币基金		基金公司	中等	较高	高	门槛低，每日计提收益，流动性好	收益率受汇率影响较大	轻度进取型投资者
股票		各上市公司	高	高	高	收益性和流动性都高	风险高，对投资者的要求高	进取型投资者
保险		保险公司	较低	低	低	可在保障的同时获得一定的投资收益	投资期限长	各类人群

下面将对这5种投资方式一一介绍。需要说明的是，本书并不试图对各种投资理财渠道做出全面的介绍，只是将各种投资理财渠道中最应该引起投资初学者注意的地方进行详细的介绍，希望能够给投资者提供一些帮助。

（一）银行储蓄及理财产品

1. 如何储蓄才能跑赢CPI？

数据显示，中国居民的储蓄总额全球最高，人均储蓄金额全球最高，储蓄率全球最高。大概在30年前，要是有个1万元的存款，那就是响当当的“万元户”，比如今的土豪强上数百倍。那时候，1斤米0. 12元、1斤肉0. 95元、1个月房租1. 2元、看病人均0. 98元、从小学到大学的学费140元……要是拥有1万元，简直可以数十年不愁吃穿了。可如今，1万元也很难买到多少东西了。这种变化的产生，就是通货膨胀捣的鬼。

经济学界对于通货膨胀的解释并不完全一致，通常经济学家认可的通货膨胀的概念是：在信用货币制度下，流通中的货币数量超过经济实际需要而引起的货币贬值和物价水平全面而持续的上涨。通俗来说，就是纸币的发行量超过流通中所需要的数量，从而引起纸币贬值、物价上涨，我们把这种现象称为通货膨胀。而CPI，即居民消费价格指数，是衡量通货膨胀程度的重要指标。CPI=（一组固定商品按当期价格计算的价值÷一组固定商品按基期价格计算的价值）×100%。也就是说，CPI的值越大，通货膨胀的程度越深。

这里需要提醒大家的是，通货膨胀也不一定是坏事。因为研究表明，适度的通货膨胀对经济发展是有利的。因为在适度的通货膨胀下，产品价格上涨会刺激厂商生产出更丰富、更多样的产品，与此同时，也会提高人们的消费水平并逐步改变人们的消费模式，有利于促进整体经济的发展。

再举一个例子。据媒体报道，厦门一女士在44年前存入银行1200元，44年后，取出了2684.04元，也就是说，她得到了1484.04元的利息。44年前，1200块可以干很多事情；44年之后，也就刚刚够吃顿大餐。

我国的存款利率是国家根据客观经济条件、货币流通及市场物资供求等情况，并兼顾各方利益，有计划地确定的。存款利率市场化是利率市场化的核心。随着我国利率市场化改革的深入，存款利率上限放开被提上日程。但就目前的情况来看，各家银行的活期存款利率才0.35%，两年期存款利率也只有2.10%。而我国近几年的通货膨胀水平都维持在2.00%左右。这样看来，在银行储蓄方面，只有进行两年期以上的定期存款才能勉强跑赢CPI。

也就是说，由于通货膨胀的存在，储蓄经常是跑不赢通货膨胀的，从而出现负利率的状况，这就使储蓄变成了一种亏损投资行为。从利率水平来看，只有做两年期或两年期以上的存款，才有可能跑赢CPI。可是，两年期及两年期以上的定期存款会限制资金的流动性，而存款的流动性是十分重要的。那么，怎么储蓄才能跑赢CPI，又不影响正常的资金需求呢？这里推荐三种储蓄技巧。

（1）金字塔式储蓄法。

金字塔式储蓄法是指把一笔资金按照由少到多的方式拆分成几份，分别存入银行定期。当有小额资金需求时，仅将小份额的定期取出。这样既能满足用钱需求，也能最大限度地获得利息收入。

比如，你有5万元的资金，那么就可以分成5000元、10000元、15000元、20000元共4笔，分别做两年期定期存款。假如在两年未到期时，需要5000元的急用资金，那你只需要把4笔定存中的5000元取出即可，另外3笔的利息并不会受影响。

这种方法适用于不确定何时使用和一次用多少的小额闲置资金。用这种储蓄法，不仅利息会比活期储蓄高很多，而且在取出时，也能将损失降到最低。

（2）组合储蓄法。

组合储蓄法是一种存本取息与零存整取相结合的储蓄方法。如果你有一笔闲置资金，可以选择存本取息的方式。一个月后，取出这笔存款第一个月的利息，然后再开一个零存整取的储蓄账户，把取出来的利息存到里面。以后每个月固定把第一个账户中产生的利息取出，存入零存整取账户。这样，不仅存本取息的储蓄得到了利息，而且其利息在进行零存整取储蓄后，又产生了利息。

比如说，你有一笔10万元的闲置资金，若选择两年期存款方式，24个月后会有一笔利息存入另一个账户，再去计息。

（3）五张存单法。

五张存单法是指为了获得最高的利息以及充分体现流动性，以防急用，将一笔现金分成5份，一份做1年定期，两份做2年定期，一份做3年定期，一份做5年定期。1年后，1年期定存到期，将其本息取出存成5年定期。2年后，两份2年期定存到期，将其中一份续存2年定期，另一份将本息取出存成5年定期。3年后，3年期定存到期，将本息取出存成5年定期。4年后，那份续存的2年定期也到期，将其本息取出存成5年定期。5年后，最后一个5年定期到期，续存5年定期。

这样一来，手上就会有五张5年期定存，且每年都会有一张到期，这样就能最大限度地赚取更高的利息。而目前5年期的定存利率没有基准利率，由各家银行自行确定。因此需比较不同银行的5年期定存利率高低，再进行五张存单法，以赚取更高的利息。

2．如何投资银行理财产品？

银监会出台的《商业银行个人理财业务管理暂行办法》对于“个人理财业务”的界定是，“商业银行为个人客户提供的财务分析、财务规划、投资顾问、资产管理等专业化服务活动”。按照这个解释，银行理财产品应该是商业银行在对潜在目标客户群分析研究的基础上，针对特定目标客户群开发设计并销售的资金投资和管理计划。在这种投资方式中，银行只是接受客户的授权管理资金，投资收益与风险由客户或客户与银行按照约定方式承担。商业银行个人理财业务按照管理运作方式的不同，分为理财顾问服务和综合理财服务。我们一般所说的“银行理财产品”，其实是指其中的综合理财服务。

银行理财产品的门槛一般是5万元起，且有固定的期限，从7天到3个月、半年不等，中途不允许退出。银行把投资者的资金都募集之后，会拿去投资，一般投资渠道包括存款等高流动性资产、债权类资产等，理财产品说明书上都会提及，但是银行不会跟你说每部分的具体投资比例，投资者是无法得知资金的具体配置情况。不过一般来说银行理财资金大部分都投向于各类债券，风险相对可控。

银行理财对于普通大众来说，操作相对简单，且又有银行“做靠山”，信得过。但是由于银行理财产品种类繁多、条款复杂、期限不一以及风险的不确定，很多投资者在选择理财产品的时候无从下手。那么，投资银行理财产品应注意哪些要素？

①掌握投资的收益率。该产品是年化收益率还是累积收益率？是税前收益率还是税后收益率？不同的收益率可能对应不同的最终收益。新手投资人在购买银行理财产品时，看到非保本浮动收益型的理财产品往往比较担心，生怕风险太大会出现问题。实际上投资者不必过

于担心，在银行理财市场上基本没有出现过产品本金亏损的情况，而且达到预期最高收益率的概率能达到99%以上。部分结构性产品及风险等级为R3级或R3级以上的产品收益不确定性较大，风险等级为R2的非保本类产品则可以放心购买。

②关注产品的投资方向。募集资金投放于哪个市场，投资什么金融产品，将决定产品风险的大小以及收益能否顺利实现。

③了解产品的流动性。在理财产品存续期间，购买者一般不能提前终止；少部分理财产品可质押，但须缴纳一定手续费和质押贷款利息。

④了解产品的风险等级。目前银行的理财产品按风险等级来划分的话，大致可以分为五种：谨慎型、稳健型、平衡型、进取型、激进型。一般前两种是没有什么风险的，优点是稳稳当当，即使是收益有风险，本金一般不会有损失。后三种的风险相对高一些，但是收益会更加明显。一般在购买产品前都会有一个问卷测试，看看你是属于哪个类型的投资者。一般的规律是收入高的人倾向于积极投资，收入低的人倾向于谨慎投资。

⑤不要忽视手续费。银行理财产品的手续费包括申购费、销售费、管理费、托管费等，一般来说，银行不收取申购费，不过其他费用还是要收的，每种费用一般不超过投资金额的0.3%，总费用通常不超过0.6%。但是一般银行在测算理财产品收益率的时候已经把这部分算进去了，也就是说银行测算出理财资金的收益率，扣除各种手续费，剩下那部分就是大家所熟知的"预期收益率"。所以，按照产品的预期收益率就能算出你实际获取的收益，不必考虑手续费的问题。比如投资者购买10万元一年期理财产品，预期收益率是4.5%，手续费率一共是0.5%，产品到期后投资者获得的收益是100000元×4.5%=4500元。

⑥关注信息披露。在购买理财产品后，投资者应及时并持续关注银行披露的理财产品的相关信息。由于产品的收益状况会随着管理人的管理运作水平及市场环境变化而改变。这就需要投资者及时跟踪与产品相关的资本市场的变化，不断调整投资策略，修正投资预期。

⑦关注产品到期后回款。银行理财产品投资期满之后，理财资金会自动返回投资者的银行卡活期账户，其

中多数银行会在到期日当天下午或晚上将本金与收益打回投资者账户，少数银行会在第二天打入。

总之，投资者应仔细阅读理财产品说明书、风险评估报告等相关资料，充分了解所购理财产品可能存在的风险，树立正确的理财观念，谨慎投资。在签署合约后，履行合同所标注的买者责任，承担可能的投资损失。

（二）债券投资

债券是一种金融契约，是政府、金融机构、工商企业等直接向社会借债筹借资金时，向投资者发行，同时承诺按一定利率支付利息并按约定条件偿还本金的债权债务凭证。债券的本质是债的证明书，具有法律效力。债券购买者或投资者与发行者之间是一种债权债务关系，债券发行人即债务人，投资者（债券购买者）即债权人。

债券是一种有价证券。由于债券的利息通常是事先确定的，所以债券是固定利息证券（定息证券）的一种。在金融市场发达的国家或地区，债券可以上市流通。在中国，比较典型的政府债券是国库券。

债券的分类方式有很多。按发行主体划分，可分为政府债券、金融债券、企业债券。按财产担保划分，可分为抵押债券、信用债券。按形态划分，可分为实务债券、凭证式债券、记账式债券。按是否可转换，可划分为可转换债券、不可转换债券。按付息的方式划分，可分为零息债券、定息债券、浮息债券……是不是已经眼花缭乱了？

尽管债券种类多种多样，但是在内容上都要包含一些基本的要素。这些要素是指发行的债券上必须载明的基本内容，这是明确债权人和债务人权利与义务的主要约定，具体包括面值、偿还期、付息期、票面利率、发行人名称。

金融债券和企业债券一般都有较高的资金门槛，所以对于普通投资者而言，国债是投资债券的首选。

1. 如何购买国债？

国债，又称国家公债，是国家以其信用为基础，按照债的一般原则，通过向社会筹集资金所形成的债权债务关系。国债是由国家发行的债券，是中央政府为筹集财政资金而发行的一种政府债券，是中央政府向投资者出具的、承诺在一定时期支付利息和到期偿还本金的债权债务凭证。由于国债的发行主体是国家，所以它具有最高的信用度，被公认为是最安全的投资工具。

我国的国债专指财政部代表中央政府发行的国家公债，由国家财政信誉作担保，信誉度非常高，历来有“金边债券”之称，稳健型投资者喜欢投资国债。其种类有凭证式国债、无记名（实物）国债、记账式国债三种。

凭证式国债，是指国家采取不印刷实物券，而用填制国库券收款凭证的方式发行的国债。它是以国债收款凭单的形式来作为债权证明，不可上市流通转让，从购买之日起计息。在持有期内，持券人如遇特殊情况需要提取现金，可以到购买网点提前兑取。提前兑取时，除偿还本金外，利息按实际持有天数及相应的利率档次计算。凭证式国债一般在银行柜台购买，到期一次性还本付息，购买之前需要在银行开立国债账户。如果是柜台购买，就要早早起床，因为国债都需要排队抢购。

无记名国债为实物国债，是一种票面上不记载债权人姓名或单位名称，以实物券面形式（券面上印有发行年度、券面金额等内容）记录债权而发行的国债，又称实物券，是我国发行历史最长的一种国债。

记账式国债又名无纸化国债，是由财政部通过无纸化方式发行的、以电脑记账方式记录债权，并可以上市交易的债券，想购买的话必须在证券交易所设立账户。

国债投资是一门很深奥的学问，完全掌握它尚需依赖于投资者知识面的拓展和经验的积累。但是，这并不意味着国债投资没有任何策略和技巧。事实上，经过长期的探索，人们还是掌握了一些有关国债投资的基本原理，并用它们来制定国债投资的策略。

从总体上看，国债投资策略可以分为消极型投资策略和积极型投资策略两种，每位投资者可以根据自己资金的来源和用途来选择适合自己的投资策略。一般而言，投资者在投资前应首先认清自己，明确自己是积极型投资者还是消极型投资者。

决定投资者类型的关键并不是投资金额的大小，而是他们愿意花费多少时间和精力来管理自己的投资。

积极型投资者一般愿意花费较多时间和精力去管理他们的投资，通常他们追求的投资收益率较高；而消极型投资者一般只愿意花费很少的时间和精力去管理他们的投资，通常他们追求的投资收益率也相对较低。大多数投资者都属于消极型投资者。在这里介绍几种比较实用的操作方法。

（1）消极型投资策略。

消极型投资策略是一种不依赖于市场变化而保持固定收益的投资方法，其目的在于获得稳定的债券利息收入和到期安全收回本金。因此，消极型投资策略也常常被称作保守型投资策略。在这里我们除了介绍最简单的消极型国债投资策略——购买持有法外，还将介绍另外两种方法——梯形投资法和三角投资法。

①购买持有法。

购买持有是最简单的国债投资策略，比较适用于市场规模较小、流动性比较差的国债，并且更适用于不熟悉市场或者不善于使用各种投资技巧的投资者。

其步骤是：在对债券市场上所有的债券进行分析之后，根据自己的爱好和需要，买进能够满足自己要求的债券，并一直持有至到期兑付之日。在持有期间，并不进行任何买卖活动。这种投资策略虽然十分粗略，但是有几点好处：一是这种投资策略所带来的收益是固定的，不受市场行情变化的影响，它可以完全规避价格风险，保证获得一定的收益率；二是若市场利率没有很大的变动或者逐渐降低时，运用这种投资策略就可以取得满意的投资效果；三是由于这中间没有任何买进卖出行为，因而手续费很低，从而也有利于提高收益率。

在具体实行这种投资策略时，投资者还应该注意以下两个方面。

首先，根据投资者资金的使用状况来选择适当期限的债券。一般情况下，期限越长的债券，其收益率也往往越高。但是期限越长，对投资资金锁定的要求也就越高，因此最好是根据投资者的可投资资金的年限来选择债券，使国债的到期日与投资者需要资金的日期相近。

其次，投资者投资债券的金额也必须由可投资资金的数量来决定。一般在购买持有策略下，投资者不应该利用借入资金来购买债券，也不应该保留剩余资金，而是最好将所有准备投资的资金投资于债券，这样就能保证获得最大数额的固定收益。

②梯形投资法。

所谓梯形投资法，又称等期投资法，是指投资者把投资资金全部投放在各种不同期限的债券上。每种期限的债券购买数量相同，当期限最短的债券到期时，收回资金，然后再重新把资金投放出去，购买期限较长的债券，如此循环往复。这样的结果是使投资者持有的各种不同期限的债券总是保持相等的数量，如果用图形表示，则恰似距离相等的阶梯，因此称为梯形投资法。这样一来，投资者在以后的每段时间都可以稳定地获得一笔本息收入。

梯形投资法具有以下几个优点：一是对投资者来说简便易行，容易掌握；二是投资者不必对市场利率进行预测，也没有必要因为市场利率的变化调整对策，始终采取同样的对策，从而避免了许多麻烦和由于预测失误造成的损失；三是采用这种方法可以保证投资者获得平均的收益率，因为债券价格的上升或下降往往能够互相抵消。

梯形投资法也存在以下缺点：一是缺少灵活性，当出现有利的投资机会时，不能及时抓住，从而丧失获利的机会。二是当投资者由于资金短缺需及时变现时，这种方法往往不能满足要求。因为，短期债券只占投资总额的1/10，在投资者没有其他资金来源时，只好出售长期债券。相对来讲，由于长期债券流动性较差，要迅速变现，往往不能及时找到转让对象，这时只好大幅度压低价格，因此投资者会受到不应有的损失。三是其适用的范围较小，只适用于资金较充裕的稳健投资者对债券的投资。

根据上述所总结的缺点，采用这种方法进行投资时，我们的投资方式必须要灵活。当市场短期债券利率上升、价格较低时，收回的资金就不能投资于长期债券，而应利用有利时机继续购买短期债券；如果短期债券利率下降、价格上升，则应出售短期债券，收回资金，购买长期债券。这样，梯形结构并未改变，但由于灵活地运用这一方法，故可较多地获取部分收益。

③三角投资法。

所谓三角投资法，就是利用国债投资期限不同所获本息和也就不同的原理，使得在连续时段内进行的投资具有相同的到期时间，从而保证在到期时收到预定的本息和的投资方法。这个本息和可能已被投资者计划用于某种特定的消费。三角投资法和梯形投资法的区别在于，虽然投资者都是在连续时期（年份）内进行投资，但是，这些在不同时期投资的债券的到期时限是相同的，而不是债券的期限相同。

例如，小陈决定在2025年去欧洲各国旅游。因此，他决定投资国债以确保在2025年有足够的资金。这样，他可以在2019年投资当年发行的5年期的国债券，在2021年购买当年发行的3年期的国债券，在2022年购买当年发行的2年期的国债券。这些债券在到期时都能收到预定的本息和，并且都是2024年到期，从而保证有足够资金准备欧洲的旅行。

这种投资方法的特点是，在不同时期进行的国债投资的期限是递减的，因此被称作三角投资法。它的优点是既能获得较固定收益，又能保证到期得到预期的资金以用于特定的目的。

（2）积极型投资策略。

积极型投资策略，是指投资者通过主动预测市场利率的变化，采用抛售一种国债并购买另一种国债的方式来获得差价收益的投资方法。这种投资策略着眼于债券市场价格变化所带来的资本损益，其关键在于能够准确预测市场利率的变化方向及幅度，从而准确预测出债券价格的变化方向和幅度，并充分利用市场价格变化来取得差价收益。因此，这种积极型投资策略一般也被称作利率预测法。这种方法要求投资者具有丰富的国债投资知识及市场操作经验，并且要支付相对较多的交易成本。投资者追求高收益率的强烈欲望导致了利率预测法受到众多投资者的欢迎，同时，市场利率的频繁变动也为利率预测法提供了实践机会。

①利率预测法。

其具体操作步骤是这样的：投资者通过对利率的研究获得有关未来一段时期内利率变化的预期，然后利用这种预期来调整其持有的债券，以期在利率按其预期变动时能够获得高于市场平均的收益率。因此，正确预测利率变化的方向及幅度是利率预测投资法的前提，而有效地调整所持有的债券就成为利率预测投资法的主要手段。

利率预测是一项非常复杂的工作。利率作为宏观经济运行中的一个重要变量，其变化受到多方面因素的影响，并且这些影响因素对利率作用的方向、大小都十分难以判断。建议投资者在对社会经济运行态势和中央银行货币政策抉择进行综合分析后，可尝试对未来市场利率的变动方向和变动幅度做出较为理性的预测，据此对其持有的债券进行重新组合。

在市场利率上升时，债券的市场价格会下降；而在市场利率下降时，债券的市场价格会上升。因此，前者正确的调整策略是卖出所持有的债券，而后者正确的调整策略是买入债券。具体来说，在预测市场利率将下跌时，应尽量把手中短期的、高票面利率国债转换成期限较长的、低息票利率的债券，因为在利率下降相同幅度的情况下，这些债券的价格上升幅度较大。反之，若预测市场利率将上升，则应尽量减少低息票利率、长期限的债券，转而投资高息票利率、短期限的债券，因为这些债券的利息收入高、期限短，所以能够很快地变现，再购买高利率的新发行债券，同时，这些债券的价格下降幅度也相对较小。

除了利率预测法，这里还介绍两种积极型的国债投资方法——逐次等额买进摊平法和金字塔式操作法。

②逐次等额买进摊平法。

如果投资者对某种国债投资时，该国债价格具有较大的波动性，并且无法准确地预测其波动的各个转折点，投资者可以运用逐次等额买进摊平操作法。

逐次等额买进摊平法就是在确定投资某种国债后，选择一个合适的投资时期，在这一段时期中定量定期地购买国债，不论这一时期该国债价格如何波动都持续地进行购买，这样可以使投资者的每百元平均成本低于平均价格。运用这种操作法，每次投资时，都要严格控制所投入资金的数量，保证投资计划逐次等额进行。

因为国债具有长期投资价值，所以按照这一方法操作，可以稳妥地获取收益。

③金字塔式操作法。

与逐次等额买进摊平法不同，金字塔式操作法实际上是一种倍数买进摊平法。当投资者第一次买进国债后，发现价格下跌时可加倍买进，以后在国债价格下跌的过程中，每一次的购买数量比前一次增加一定比例，这样就成倍地加大了低价购入的国债占购入国债总数的比重，降低了平均总成本。由于这种买入方法呈正三角形趋势，形如金字塔，故称之为金字塔式操作法。若在国债价格上升时运用金字塔式操作法买进国债，则需每次逐渐减少买进的数量，以保证最初按较低价买入的国债在购入国债总数中占有较大比重。

国债的卖出也同样可采用金字塔式操作法，在国债价格上涨后，每次加倍抛出手中的国债，随着国债价格的上升，卖出的国债数额越来越大，从而保证高价卖出的国债在卖出国债总额中占较大比重并获得较大盈利。

运用金字塔式操作法买入国债，必须对资金做好安排，以避免最初投入资金过多，以后的投资无法加倍摊平。

2. 债券的风险在哪里?

普通投资者热衷于债券投资的一个重要理由就是在同等收益率下债券的风险更低，特别是国债。所以很多投资者在购买债券后，往往只是采取消极的投资策略，坐等到期领取收益。但是，收益与风险总是相伴而生，即使是低风险的债券，也有风险，投资者在投资过程中应注意债券可能存在的这6大风险。

(1) 利率风险。

利率风险是指利率的变动导致债券价格与收益率发生变动的风险。债券是一种法定的契约，大多数债券的票面利率是固定不变的（浮动利率债券与保值债券例外）。当市场利率上升时，债券价格下跌，使债券持有者的资本遭受损失。因此，投资者购买的债券离到期日越长，利率变动的可能性越大，其利率风险相对也越大。凭证式国债因免税和利率相对较高而十分受投资者欢迎，经常出现抢买国债的现象。因此很多人在购买国债时经常选择长期持有，也就是买5年期国债。如果此时遇上利率调高的情况，因为固定利率下的国债并不会分段计息，只能按照发行日的相对较低的利率来计息，这样一比较，对投资者来说就产生了利率风险。

（2）购买力风险。

购买力风险是债券投资中最常出现的一种风险，是指由于通货膨胀而使债券的实际收益率降低的风险。通货膨胀期间，投资者购买债券的实际收益率应是票面利率扣除通货膨胀率。若债券的票面利率为10%，购买期间的通货膨胀率达到了7%，那实际的收益率就只有3%。

在通货膨胀的条件下，随着商品价格的上涨，债券价格也会上涨，投资者的货币收入有所增加，会使他们忽视通货膨胀风险的存在。其实，由于货币贬值，货币购买力水平下降，债券的实际收益率也会下降，当货币的实际购买能力下降时，就会造成即使我们的投资收益在量上增加了，在市场上能购买的东西却相对减少。当通货膨胀率上升到超过债券利率水平时，债券的实际购买力就会下降到低于原来投资金额的购买力。

（3）信用风险。

信用风险主要表现在企业债券的投资中。企业由于各种原因存在着不能完全履行其责任的风险。企业发行债券以后，其营运成绩、财务状况都会直接反映在债券的市场价格上。一旦企业运行状况不佳，企业债券的持有人就会担心企业在亏损状态下无法在债券到期时履行契约，按规定支付本息，于是便开始卖出其持有的公司债券，债券的市场价格也就会下跌。

（4）违约风险。

违约风险，是指发行债券的借款人不能按时支付债券利息或偿还本金，而给债券投资者带来损失的风险。在所有债券中，国债由于有政府担保，往往被市场认为是“金边债券”，所以基本上没有违约风险。但除中央政府以外的地方政府和公司发行的债券则或多或少有违约风险。公司如果因为某种原因不能完全履约支付本金和利息，则债券投资者就会承受较大的亏损。

（5）收回风险。

一些债券在发行时规定了发行者可提前收回债券的条款，这就有可能发生债券在不利于购买者的时候被债务人收回的风险。当市场利率低于票面利率时，收回债券对发行公司有利，这种状况使债券持有人面临着不对称风险，即在债券价格下降时承担了利率升高的所有负担，在利率降低、债券价格升高时却没能获得价格升高的好处。

（6）变现能力风险。

变现能力风险，是指投资者在短期内无法以合理的价格卖掉债券的风险。当债券持有者遇到一个更好的投资机会时，他会想出售现有债券，但往往可能在短期内找不到愿意出合理价格的买主。要想卖出债券，就要降低价格或者支付一定的佣金。那么，债券投资者就面临着遭受损失或丧失新的投资机会的风险。

（三）货币基金投资

1. 基金与货币基金

基金，从广义上说，是指为了某种目的而设立的具有一定数量的资金。在一般投资者的认识中，基金是一种投资收益高于银行储蓄、投资风险低于股票的良好的投资品类。当投资者准备投资基金时，往往会被搅得一头雾水，因为基金的分类实在太多了，且其中的规则纷繁复杂，让人摸不着头脑。

根据运作方式，基金可分为开放式基金和封闭式基金。开放式基金比较灵活，规模不固定，随时可以申购和赎回。而封闭式基金有点呆板，不仅规模固定，而且申购赎回时间也是固定的，中间是没有办法赎回的，有点像定期存款。

根据发行方式，基金可分为私募基金和公募基金。公募基金的募集对象是社会公众，即不特定投资者，通过公开发行方式进行募集。私募基金的募集对象则是少数特定投资者，包括机构和个人，通过非公开发行方式募集。公募基金对信息披露的要求非常严格，私募基金对信息披露的要求则很低，具有较强的保密性。另外，公募基金不收取业绩报酬，只收取管理费。而私募基金则收取业绩报酬，通常不收管理费。

根据交易地点，基金可分为场内基金和场外基金。场内和场外的概念出现得相对比较少，但还是有必要了解一下。场内是指股票市场，即通常的二级市场（一级市场是指发行市场），场外是指股票交易市场之外的市场，包括银行、证券公司的代销，基金公司的直销，就是大家所熟知的开放式基金的销售渠道。封闭式基金、ETF基金（交易型开放式指数基金）只能在场内购买，即只能在股票市场购买，其他开放式基金可以在场外购买。

根据投资对象，基金可分为股票基金、债券基金、混合型基金、货币基金4种。这个分类比较简单，是直接按投资标的划分的。基金资产80%以上投资股票的为股票基金。股票基金投资股票的比例很高，所以这类基金在所有基金类型中风险最高，但长期收益也最高。80%以上资产投资债券的基金为债券基金。一般来说，债券基金的长期收益比货币基金要高。相对于股票基金，债券基金的收益较低，但在股市出现剧烈震荡的时候，债券基金的收益也相对稳定。混合型基金既可以投资股票，也可以投资债券和货币市场，而且投资股票和债券的比例没有严格的限制。货币基金是指全部资产都投资在各类短期货币市场上的基金。短期货币工具包括国债、央行票据、商业票据、银行定期存单、政府短期债券、同业存款等。

货币基金的投资范围都是一些高安全系数和稳定收益的品种，所以对于很多希望回避证券市场风险的投资者来说，货币基金是一个天然的避风港，在通常情况下都能获得高于银行存款利息的收益，且基金的性质决定了货币基金在现实中极少发生本金亏损的情况。一般来说，货币基金被看作现金等价物。对于小钱投资者而言，货币基金起投门槛低，操作简单，兼具安全性、流动性、收益性，是小钱投资者最合适的选择。

我国在2003年12月30日成立了第一支货币基金——华安现金富利投资基金。但货币基金在我国一直是不温不火。直到2013年余额宝闪亮登场，再加上智能手机的普及，移动支付等各种消费场景的运用给货币基金的发展提供了巨大的便利，使货币基金一下子火了起来。从2013年至今，货币基金规模剧增。据统计，截至2018年12月31日，全国公募资金规模达到13.01万亿元，其中货币基金规模为81498亿元，占公募基金的62.6%。

余额宝对接的是天弘基金旗下的余额宝货币基金，其特点是操作简便、

低门槛、零手续费、可随取随用。除理财功能外，余额宝还可直接用于购物、转账、缴费还款等消费支付，是移动互联网时代的现金管理工具。

目前，余额宝依然是中国规模最大的货币基金。堪称国民理财神器。而现在除了余额宝以外，支付宝还提供了购买基金的专门栏目，使基金购买更加便捷、多样。除了通过支付宝购买基金，投资者还可以通过在银行或证券公司开设基金账户购买基金。

2. **七日年化收益率？T+0？**

在购买货币基金时，投资者首先会看到的是“七日

年化收益率2.2960%”“万份收益0.6207”“近三年涨跌幅+51.27%”“T+0”等字眼。这些词对投资者而言，实在是太专业了，让人不知所云。但这些是关系投资者收益的重要指标，所以必须对这些名词有一定的认识。下面，就一起了解一下这些名词吧！

（1）七日年化收益率。

七日年化收益率是指将货币基金最近7日的平均收益水平进行年化以后得出的数据。比如某货币基金当天显示的七日年化收益率是2%，并且假设该货币基金在今后一年的收益情况都能维持前7日的水准不变，那么持有该货币基金一年就可以得到2%的整体收益。

举个例子，设某货币基金的七日年化收益率为3%，现有10000元投入货币基金，那么每天能拿到多少收益呢？假设该货币基金维持3%的收益水准，那每年拿到的收益是多少？

其实在计算收益的时候，我们完全可以忽视“七日”两个字，因为虽说是“七日”的数据，但其实指的还是一年的收益率，因为这个数据已经被“年化”了，已经变成一定条件下的年收益率了。那么，10000元按照3%的收益率计算的话，一年之后可以得到的收益是10000×3%=300元。则每天可以拿到的收益就等于300÷365≈0.822元。

总结一下：

本金×七日年化收益率=预期一年收益

预期一年收益÷365=每日收益

（2）万份收益。

简单来说，万份收益就是指10000元的货币基金一天的具体收益额。“万份收益0.7078”就是指每10000元一天可以得到0.7078元的收益。

（3）近三年涨跌幅。

简单来说，近三年涨跌幅就是指三年累计的上涨或下跌的比例。例如，某货币基金第一年上涨了11%，第二年上涨了7%，第三年上涨了10%，那么这只货币基金的近三年涨跌幅就是+28%。同理，还可以统计近五年涨跌幅、近十年涨跌幅等。

（4）T+0。

T是英文Trade的首字母，是交易的意思。T+0回转交易是指当日（T日）买入的股票可于成交后当日卖出其买入的全部或部分股票；若当日（T日）不卖出，T+1日或以后的任何一个交易日也可以进行卖出申报。就是说，在T+0回转交易条件下，申报买入股票确认成交后，不限制投资者在哪个交易日进行卖出申报，投资者既可以把当天买入的股票当天卖出，也可以用当天卖出股票返回的资金当天再买进股票。T+0回转交易能减少投资人的持仓风险、增强流动性。

T+0交易曾在我国证券市场实行过，但由于证券市场不成熟，这种交易方式容易造成市场价格异常波动。为了保证证券市场的稳定，上海证券交易所和深圳证券交易所对股票和基金交易实行“T+1”的交易方式。即当日买进的股票，必须要到下一个交易日才能卖出。

（四）股票投资

股市，一直以高收益吸引着大量人马不断涌入，但大家往往看不到股市高点下“埋葬”的大量血本无归的投资者们。老话说得好：“股市有风险，入市须谨慎。”

股票市场有很强的专业性，投资者若想从股市中获得收益，必须学习股市的相关知识并掌握一定的技能，比如交易规则，上市公司信息获取、技术分析工具，经典投资理论，选股方法等，如此才能避免盲目交易，摆脱成为“被宰羔羊”的命运。鉴于股票投资的专业性，这里只从炒股的心态、小钱适合做短线还是做长线、看盘基础、股市中的七个“坚决不买”四个角度进行初步探讨，不做过多论述。如果投资者希望深入炒股，建议一定要系统学习股市的相关知识。当然，纸上谈兵是远远不够的，真金实银的操作才能真正习得炒股经验。所以，对于新股民来说，建议先拿小钱练手，积累股市投资知识、经验与技能。

1．炒股，心态最重要

很多人投身股市时都是抱着以小钱赚大钱的赌博心态，毕竟在股市中还是不乏一夜暴富的案例的。但是，正是因为这种赌博心态作祟，很多人不惜借钱甚至借高利贷去炒股，最终血本无归。因此，我们要正确看待股票市场，菜市卖的是菜，股市卖的是股。股市和菜市没有本质的区别。但是，股市又确实是一个非常特殊的市场。这里每天上演的财富故事，对芸芸众生具有无比迷人的魅力。很多人被它吸引过来，带着发财的梦想，甚至带着一夜暴富的梦想。我们看待股市的眼光因此而扭曲。股市不再是股市，股市就真如一些经济学家说的，成了赌场。

所以，作为新手，想要入得股市这道门，首先需调整好自己的心态。

①管理自己对财富的欲望，不要抱着赌博的心态去炒股。

②认真做好股票的分析研究，不要抱着侥幸的心理买卖股票。

③学会及时止损，敢输才会赢。在充满风险的股票市场里，既没有常胜的将军，也没有常败的士兵。关键是要随着股票市场行情的变化采取灵活应对的策略。

④做好“交学费”的准备。股市里永远都是输多赢少。对个人来说，一开始免不了心态浮躁，想把握每一个上涨的机会来尽可能赚钱。这是需要“交学费”才能感悟到的。

⑤一定要有耐心，切忌追高杀跌。股票在飞速上涨的时候有可能是庄家在拉高出货，此时一定要谨慎。

⑥一定不要把自己所有的资金投入股市。投入股市的钱必须是不影响你生活质量的那部分钱。

⑦不要轻易听信旁人荐股。他人炒股的方法可能和你完全不同，你们所面临的购买时机也不一致。

⑧不要将大量的时间花在股票这一门投资上，否则

有可能顾此失彼。

另外，一定要多关注宏观经济环境，因为股市的涨跌与宏观经济有着密不可分的联系。建议多多浏览国内外财经政策和新闻，提高自己对宏观经济的敏感度。还有一点很重要，就是要多关注企业的经营状况，做价值投资。不管怎么说，理性股市下的基本法则就是价值投资。

每个人的个性不同，操作风格也会不同，找准一条适合自己的股市投资之路，非常重要！这里还要再次强调，投身股市前必须学习股市的专业知识！先从小钱开始，积累经验与技能！

2. 小钱，究竟是做短线还是做长线？

我国股市中多为短线交易，这时候小钱的优势就体现出来了。因为大资金很难做短线，通常都做趋势交易。为什么？我们要明白，几万元到几十万元，其实对于整个市场的流通性来说根本不算什么。作为小钱的交易者，短线进出非常容易，这就是所谓的“船小好调头”。而大资金呢？它随便一买就很有可能给市场带来一场“地震”。一旦出现大笔卖出，连接盘的都没有，很容易就会阻断市场的流通性。这就是所谓的“船大不好调头”。

大资金的优势在于只要赚了一次10%，对整个市场的影响就是巨大的。而小资金呢？就算你翻100倍、1000倍，对于市场来说影响依旧不大。小资金的优势在于灵活性，不要小看这个灵活性，灵活性表明只要你严格遵守止损纪律，你就算“倒了八辈子霉”，想要让市场重创你都很难（系统性风险除外）。

那是不是说小钱就只能做短线交易了呢？也不尽然，小钱既可以做长线，又可以做短线，只是操作方法完全不同。

长线就需要有一个整体的规划。首先要了解基本面，了解公司的股价运营情况，了解公司在板块市场的位置，是否有潜在的风险，是否符合国家的发展战略趋势，等等。做长线要抱着投资人的心态去购买，以股东的心态持股。如果你看中了一只股票，并预计它会涨到30块，但其现阶段的股价只有15块，那你就可以买入并长期持有。需要注意的是，长线并不是说一直放在那不操作，还是需要在适当的时期进行买卖。长线投资收益率比较小，投资时间长。

短线一般就是几天之内的操作，并不需要对公司有全面的了解。只需要对股票目前的行情做技术分析，研究它几天内的走势情况。每个人的分析方法都不一样，有的人是看五日均线、十日均线，有的人是做K线走势分析或成交量分析。短线主要是炒小盘股，就是市值比较小的股票，因为这种股票盘子小，股价容易被大额资金操控，波动幅度大，容易出现涨停，因此适合短线操作。炒短线一定要对股价非常敏感，一定要计较“一城一池”的得失，因为你赚的，往往就是那小小的几个点。短线的盈利一般只有几个点到十几个点，投资时间短、回报高，但风险大。

如果你是炒股新手，且资金量较少，一般建议先做长线，熟悉股票市场，待到技术成熟，再做短线。大盘行情好的时候，也建议做长线，切勿频繁买卖。另外，如果只是做短线，基本不需要考虑大盘。

3. 股市看盘基础

看得懂股票的盘面，你才够格成为一个股民。

（1）委比、委差、卖盘、买盘。

委比		-31.63%	-943
卖盘	5	18.13	108
	4	18.12	55
	3	18.11	143
	2	18.10	460
	1	18.09	1196
买盘	1	18.08	536
	2	18.07	73
	3	18.06	111
	4	18.05	288
	5	18.04	11

委比=（委买手数之和-委卖手数之和）÷（委买手数之和+委卖手数之和）×100%。委比值的范围是-100%～+100%。当委比值为正值并且委比数大，说明市场中买方的力量比卖方强，股价上涨的概率大；当委比值为负值并且负值大，说明卖方的力量比买方强，股价下跌的概率大。

上图中右上角的数字“-943”表示的是委差，是委买手数与委卖手数的差值。

卖1、卖2、卖3、卖4、卖5表示已委托但尚未成交的委托价中最低的五笔卖出价格及其数量，其中卖1为最低申卖价格。图中灰色数字是委托卖出的价格，黑色数字是委托卖出的手数。

买1、买2、买3、买4、买5表示已委托但尚未成交的委托价中最高的五笔买进价格及其数量，其中买1为最高申买价格。图中灰色数字是委托买入的价格，黑色数字是委托买入的手数。

（2）资金流向。

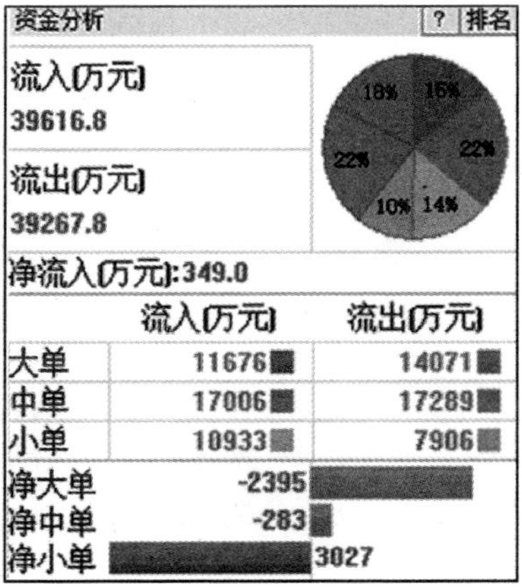

上图反映的是资金流向。其计算方法很简单，举例说明：在9：50这一分钟里，若某一股票指数较前一分钟是上涨的，则将9：50这一分钟的成交额计作资金流入，反之则计作资金流出；若指数与前一分钟相比没有发生变化，则不计入。每分钟计算一次，每天加总统计一次，流入资金与流出资金的差额就是该板块当天的资金净流入。大单、中单、小单表示的就是资金量的大小。

需要特别说明的是，有些投资者从字面上错误理解了资金流向的意义，他们认为资金流向就是资金的进场或离场。其实不然，资金流向是反映市场多空买卖意愿、主力散户买卖意愿的数据指标体系。资金流向分析属于行为金融学和技术指标双重领域的范畴，通过分析多空买卖意愿和主力散户博弈行为来预测股价行为，对短线操作有较高的参考意义。

（3）最新、开盘、涨跌、涨幅、最高、最低。

最新	18.09	开盘	17.55
涨跌	+0.54	最高	18.63
涨幅	+3.08%	最低	17.11

最新是指股票即时的最新价格，开盘则指股票当日开盘时的起始价格。涨跌等于最新价格减去开盘价格，正数（红色）表示最新价格高于开盘价格，负数（绿色）表示最新价格低于开盘价格。最高是开盘后股价最高时的价格，最低是开盘后股价最低时的价格。

（4）振幅、量比、总手、金额、换手、换手（实）。

振幅	8.66%	量比	1.79
总手	44.43万	换手	13.39%
金额	7.89亿	换手(实)	13.39%

振幅指的是股票开盘后的当日最高价和最低价之间的差的绝对值与昨日收盘价的百分比，它在一定程度上表现股票的活跃程度。

量比是衡量相对成交量的指标。它是指股市开市后平均每分钟的成交量与过去5个交易日平均每分钟成交量之比。量比反映出的主力行为可以从计算公式中看出，量比的数值越大，表明该股当日流入的资金越多，市场活跃度越高；反之，量比值越小，说明资金的流入越少，市场活跃度越低。

总手数，就是开盘到统计时刻的买卖的手数之和。

金额，就是指净流入额，也就是主买金额减去主卖金额的值。

换手率=（当前成交累计 ÷ 流通股数）× 100%。股票的换手率越高，意味着该只股票的交投越活跃，人们购买该只股票的意愿越高，属于热门股；反之，股票的换手率越低，表明该只股票很少人关注，属于冷门股。

换手率（实）是一些软件自己设定的指标。因为有些换手实际上属于对冲，一会儿买进，一会儿又卖出，实际上交易没有发生变化，一些软件就把这种情况排除在外了，认为这样更接近真实的换手率。

（5）市盈（静）、市盈（动）、总市值、流通值、涨停、跌停、外盘、内盘。

市盈(静)	18.01	市盈(动)	9.94
总市值	122.3亿	流通值	60.03亿
涨停	19.31	跌停	15.80
外盘	21.98万	内盘	22.45万

市盈（静），即静态市盈率（PE），这是市场广泛谈及的市盈率，其值为：每股市价 ÷ 每股税后利润。所

谓的市盈率是一个反映股票收益与风险的重要指标，也叫市价盈利率。体现的是企业按现在的盈利水平要花多少年才能收回成本，这个值通常被认为在10～20之间是一个合理区间。

市盈（动），即动态市盈率，指还没有真正实现的下一年度的预测利润的市盈率，其值为：股票现价÷未来每股收益的预测值。

总市值指的是在某个特定时间内总股本数乘以当时股价得出的股票总价值。

流通值是指可以流通的那部分股票的市值。即在某特定时间内可交易的流通股股数乘以当时股价得出的流通股票总价值，一般流通值较大的股票波动较小。

涨停价、跌停价是指在当天开盘价的基础上，股票价格上升10%或下降10%时的最高价格和最低价格。

外盘指的是成交价是卖出价时成交的手数的总和。当外盘累计数量比内盘累计数量大很多，而此时股价上涨时，表示很多人在抢盘买入股票。

内盘指的是成交价是买入价时成交的手数的总和。当内盘累计数量比外盘累计数量大很多，而此时股价又下跌时，表示很多人在抛售股票。

（6）成交手数。

煤炭开采加工		-0.51%	同行业比较
14:55	18.12	8↓	2
14:56	18.11	110↓	9
14:56	18.12	43↑	3
14:56	18.13	43↑	4
14:56	18.13	102↑	11

成交手数↑（或↓），表示的是每分钟成交明细表，是观察主力庄家去向的主要“窗口”。成交手数后的箭头，向上的箭头（红色）表示这一笔成交为主动性买盘；向下的箭头（绿色）表示这一笔成交为主动性卖盘；小菱形方块（白色）表示这一笔恰巧搓合成交，买卖双方分不清谁主动、谁被动。

（7）分时走势图。

分时走势图也叫即时走势图，它是把股票市场的交易信息实时地用曲线在坐标图上加以显示的技术图形。坐标的横轴是开市的时间，纵轴的上半部分是股价或指数，下半部分显示的是成交量。分时走势图是股市现场交易的即时资料。

分时走势图分为指数分时走势图和个股分时走势图。

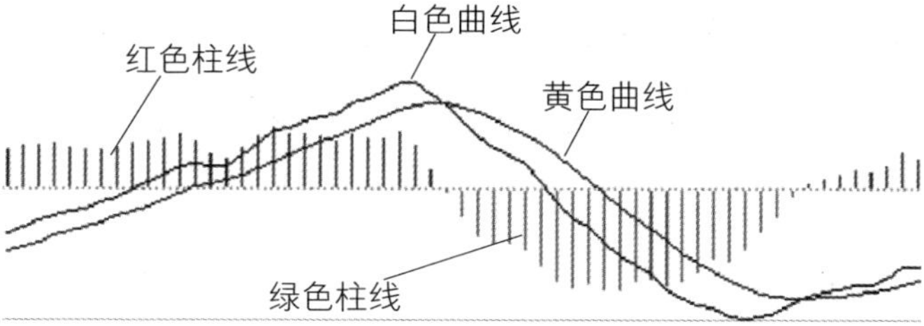

上图显示的是指数分时走势图。白色曲线表示上海证券交易所对外公布的通常意义下的大盘指数，也就是加权数。黄色曲线是不考虑上市股票发行数量的多少，将所有股票对上证指数的影响等同对待的不含加权数的大盘指数。参考白色曲线和黄色曲线的相对位置关系，可以得到以下信息：当指数上涨，黄色曲线在白色曲线走势之上时，表示发行数量少（盘小）的股票涨幅较大；而当黄色曲线在白色曲线走势之下时，则表示发行数量多（盘大）的股票涨幅较大。当指数下跌时，如果黄色曲线仍然在白色曲线之上，则表示小盘股的跌幅小于大盘股的跌幅；如果白色曲线反居黄色曲线之上，则说明小盘股的跌幅大于大盘股的跌幅。红色、绿色的柱线反映当前大盘所有股票的买盘与卖盘的数量对比情况。红柱增长，表示买盘大于卖盘，指数将逐渐上涨；红柱缩短，表示卖盘大于买盘，指数将逐渐下跌。绿柱增长，指数下跌量增加；绿柱缩短，指数下跌量减小。

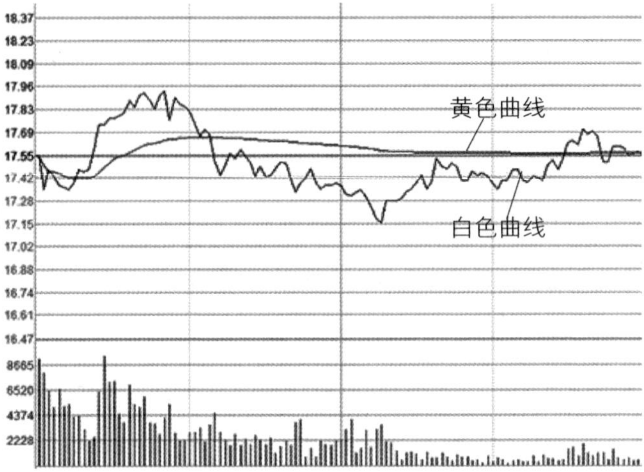

上图显示的是个股分时走势图。白色曲线表示的是该种股票的分时成交价格，黄色曲线表示的是该种股票的平均价格。下方柱线表示每分钟的成交量，单位为手（100股/手），黄色表示的是上升的量，蓝色表示的是下跌的量，白色表示的是股价平衡时的量。

（8）日K线图。

上图中的小方块即为K线，又称阴阳线，其中包含了4个数据，即开盘价、收盘价、最高价、最低价。K线是很多人技术分析的重要参考依据。

移动平均线，简称MA，是用统计分析的方法，将一定时期内的证券价格（指数）加以平均，并把不同时间的平均值连接起来，形成一根MA，用以观察证券价格变动趋势的一种技术指标。一般K线图中有白色、黄色、紫红色、绿色、蓝色共五条移动平均线，这几个颜色对应的分别是5日、10日、20日、30日和60日移动平均线。

4. 股市里的七个“坚决不买”

①大除权个股坚决不买。除权是市场主力逃离的另一个机会，比如一只股从3元炒到20元，很少有人去接盘，但它10送10除权后只有10元，价格低了一半，造成了价格低的错觉，人们喜欢贪便宜买低价，一旦散户进场接盘，市场主力却逃得干干净净。如果大除权后又遇到天量，更是绝不可以碰。

②放天量过后的个股坚决不买。放天量一般是市场主力开始逃离的信号。如果投资者确实对放天量的股票感兴趣，也应该等一等，看一看，可以在放天量当天的收盘价上画一条直线，如果以后的价格碰到这条线，倒是可以考虑买进的。

③暴涨过的个股坚决不买。如果个股行情直冲上天，那表示庄家已经换筹走人，你再进去就会被套牢。暴涨是靠大资金推动的，当一只股票涨到了300%甚至更

高，原来的市场主力抽身跑掉时，新的市场主力不会很快形成，通常不大会有大买盘马上接手，短期内价格难以上涨。

④利好公开的股票坚决不买。这是目前投资者最易走入的一个误区。业绩就算好得不能再好，全中国股民都能看到并全部买进，谁能赚钱呢？何况业绩是可以伪造的。

⑤长期盘整的个股坚决不买。这样的股票一般是庄家已经撤庄，但还没有把筹码全部拿走。看个股要看连续的走势，长期盘整上下不大的不能买入。

⑥基金重仓的个股坚决不买。因为基金账户不能隐瞒，一季度公布一次。基金不坐庄，有盈利就跑。当然这个理论有时间性。牛市一般可以忽略不计，牛市个股普涨，基金不会抛售。熊市里基金溜之大吉，散户全部被套，所以熊市时基金重仓坚决不买。

⑦大问题的个股坚决不买。大问题股票是受证监会或相关上级执法机构处罚和制裁的股票。这种股票在受处罚的一阶段时间庄家一时不能拉升。如果问题较大，下跌期就会更长。这种股票的消息往往在重要的证券媒体上公开刊登。

（五）保险理财

1. 除了保障，保险还有理财功能

谈到保险，人们可能有很多想法，但首先想到的是家庭和自己的保险产品，如人寿保险、疾病保险和意外保险；谈到财务管理，人们可能想到的是股票、基金、债券、外汇和黄金。但鉴于近期国际国内经济形势和股市低迷，不难发现，良好的投资渠道似乎越来越窄，更不用说抵御通货膨胀和获得预期年回报了。其实，我们大可不必被思维束缚，将理财的概念只局限在权益性投资等方面，保险理财的方式不仅可以使自身及家人得到保障，还能起到抵御负预期年化利率和抗通胀的作用。

保险可以分为保障型保险和投资型保险。保障型保险就是一般人们所认识的保障生命财产安全的险种，主要是指传统型的具有储蓄性质的寿险，这类寿险设有固定的保单利率，不会随市场利率的上升而提高，也不会随市场利率的下降而降低，投保人获得的保险保障是一个确定不变的给付金额。投资型保险，即理财型保险，是人寿保险下面的一个分支。这类保险属于创新型寿险，是客户和保险公司风险共担、收益共享的一种金融投资工具。

人们购买保险产品，如人寿保险、财产保险、责任保险等，可以使被保险人得到人身保护，不必在危机时刻因为缺乏保险而承受沉重的负担。这种购买保险的方式其实也可以作为一种很好的理财方式，因为这些方面的保障实质上也是对自身的一种投资，保险理财与股市、债市以及汇市等方向的投资相比，不仅能够得到保障，而且关键时刻发挥的作用是其他理财方式所无法比拟的。另外，随着经济的不断发展，保险理财产品的不断创新，像分红保险、投资连结保险以及万能险等不但具有传统保险的保障功能，而且还可以为投保人创造类似权益性投资的额外预期年化收益。不少理财人士感叹，越来越多的投资者开始在资产配置中有意增加保险所占的比例，保险理财方式也逐渐得到了人们的认可。

我们可以先通过一张表格来比较保障型保险和投资型保险。

比较项目	保障型保险	投资型保险
保费缴纳方式	定期、定额	可以不定期、不定额
保险金额	金额固定	不固定
投资资产之管理	一般账户	一般账户及分离账户
现金价值	有保证	通常没有保证
投资方式（资金运用方式）	无法自行选择投资标的，保户缴纳的保费由保险公司全权运用	在保单所包含的标的中自行选择投资组合
投资风险	保险公司承担投资风险	保户自行承担投资风险
费用透明度	较不透明	较透明

了解了保险理财的资产配置，很多人可能通过保险来理财。那么，保险和财务管理应该注意什么呢？让我

们密切关注以下几点。

第 ，作为投资者，一定要认真学习，把保险的相关知识搞懂，一知半解可能会错误理解保险产品的含义和功能，无法达到既定理财目标。如分红险，投资和保障功能哪个是主要的，需看具体的保险协议，保障为主、分红为辅的分红险肯定是侧重给投保人意外灾难保障，预期年化收益则相对弱化，只是附带而已；而投资型分红险则是预期年化收益率可能会比较高，而保障功能相对弱化，但并不意味着一定会分红，其投资性质决定了会有风险伴随。

第二，与其他财务管理方法相比，保险理财有其自身的特点。我们不能预测其他财务管理方法的预期年化收益率，但保险能为你提供股票、基金等其他理财方式所不具备的安全保障。

2. 投资型保险有哪些种类?

具体来说，投资型保险可以分为分红险、万能寿险和投资连结险这三类。其中分红险投资策略较保守，收益相对其他投资险为最低，但风险也最低；万能寿险设置保底收益，保险公司投资策略为中长期增长，主要投资工具为国债、企业债券、大额银行协议存款、证券投资基金，存取灵活，收益可观；投资连结险主要投资工具和万能险相同，不过投资策略相对激进，无保底收益，所以存在较大风险，但潜在增值性也最大。下面将具体介绍这三类投资型保险的特点、优劣势等，为投资者做保险理财提供参考。

（1）分红险。

分红险是指保险公司将其分红保险业务实际的经营成果优于定价假设的盈余，按照一定比例（相关规定不低于70%）向保单持有人进行分配的人寿保险产品。其特征是能够保证收益，且免征税收。

分红产品的出现是市场环境变化的结果，也是低利率投资环境的产物。对保险公司而言，分红险既满足了客户的需求，同时也赋予了公司相对较大的投资选择空间。对投保人而言，分红险能够保证利益部分的权益不受任何影响，还可以分享公司经营的成果，特别是在投资市场回升的情况下，客户将有权分享公司实际投资回报高于预期部分的收益。且相对于银行储蓄来说，它能够在相当的程度上抵御通货膨胀的风险。

分红险的红利来源于“三差”，即

利差=实际投资收益（率）–预定投资收益（率）

死差=预定死亡赔付率–实际死亡赔付率

费差=预定费用–实际费用

分红险的资金主要投向基金、债券和包括协议存款在内的银行存款，投资者将分享保险公司在这个险种上的经营成果，既具有一定的保障性，又具有风险投资的特质。红利的多少依赖于保险公司分红保险业务的经营状况，分红的金额是依据保险品种、保额、保险费、投保年龄、缴费期限以及被保险人的性别等多种因素确定的。

分红险的优势在于符合保险市场中消费者的心理，具有投资和保障的双重功能，投保简单且能够合理避税。但分红险也存在着分红的不确定性和部分险种承保利润过低、投资压力增大等劣势。

（2）万能寿险。

万能寿险是至少在一个投资账户拥有一定资产价值的人身保险产品。万能寿险除了同传统寿险一样给予保护生命的保障外，还可以让客户直接参与由保险公司为投保人建立的投资账户内资金的投资活动，将保单的价值与保险公司独立运作的投保人投资账户资金的业绩联系起来。

万能寿险的保费缴纳方式灵活，意外保险金额可以根据规定进行调整。保单持有人在缴纳一定量的首期保费后，可以按自己的经济状况选择其他任何时候缴纳任何数量的保费，有时也可以不再缴费，但前提条件是保单的现金价值足以支付保单的相关费用。保单持有人可以在具备可保性前提条件下提高保额，也可以根据自己的需要降低保额，万能寿险的经营具有较高的透明度。万能寿险的特点体现在以下几个方面。

①死亡给付模式。万能寿险主要提供两种死亡给付方式，投保人可以任选其一。当然，给付方式也可随时改变。这两种方式习惯上被称为A方式和B方式。A方式是一种均衡给付的方式，B方式是直接随保单现金价值的变

化而改变的方式。在A方式中，净危险保额每期都进行调整，以使得净危险保额与现金价值之和成为均衡的死亡受益额。这样，如果现金价值增加了，危险保额就会等额减少。反之，危险保额会等额增加。这种方式与其他传统的具有现金价值给付方式的保单较为类似。在B方式中，规定了死亡给付额为均衡的净危险保额与现金价值之和。这样，如果现金价值增加了，死亡给付额就会等额增加。

②保费缴纳规定。万能寿险的保单持有人可以在意外保险公司规定的幅度内，选择任何一个数额，在任何时候缴纳保费。

③保单附加费。通常有两种等价的保单费用附加方法，即预先附加和事后附加。早期的万能寿险主要采用预先附加的方法，而新的万能寿险主要采用事后附加的方法。

④死亡给付成本。死亡给付成本每月从万能寿险的现金价值中扣除，每月死亡给付成本是按照保单的净危险保额计算的。每份保单中都规定了各个年龄千元保额的最大死亡给付分摊额，死亡给付分摊从不超

过规定的最大额度。大多数万能寿险死亡给付分摊额是不确定的，可能因被保险人是否吸烟及其性别的不同而不同。

⑤现金价值。万能寿险保费扣除各种分摊额后的累积价值为其现金价值。保单通常都规定一个最低的现金价值累积利率，这个利率通常为4%或5%。有的保险公司为保户提供一种滚动式的利率，保险单的最低利率将不低于外界某一移动平均利率（也可做某些扣除），如5年期国债利率。大多数万能寿险的当前利率将由公司确定，这使得现金价值累积利率稍稍低于外部利率。许多非指数化的万能寿险保单的利率是基于保险公司的投资收益率的。有的保险公司使用投资组合收益率作为其保单利率。

（3）投资连结险。

所谓投资连结险（投连险），其正式名字是“变额寿险”。投连险是一种新形式的终身寿险产品，它集保障和投资于一体。保障主要体现在若被保险人保险期间意外身故，受益人会获取保险公司支付的身故保障金，同时通过投连附加险的形式也可以使用户获得重大疾病等其他方面的保障。投资方面是指保险公司使用投保人支付的保费进行投资，获得收益。在新的保险会计准则下，投连险和万能险的投资账户部分收入不再计入原保险保费收入。

投连险的费用主要包括初始保费、风险保险费、账户转换费用、投资单位买卖差价、资产管理费、部分支取和退保手续费等。根据产品的不同，上述费用的收取也存在差异，一般头几年的费用较高，适合于长线的理财规划。按照中国的具体国情，分红险比较适合普通大众，而投连险比较适合中产阶级以上且具有较强风险承受能力的人群。

一般而言，投资连结险都会开设几个风险程度不一的投资账户供客户选择。如有的险种根据不同的投资策略和可能的风险程度开设有三个账户：基金账户、发展账户、保证收益账户。投保人可以自行选择保险费在各个投资账户的分配比例。账户资金投资比例不同，导致账户收益和风险存在差异，有利于满足用户的不同投资选择。

基金账户的投资策略为采用较激进的投资策略，通过优化基金指数投资与积极主动投资相结合的方式，力求获得高于基金市场平均收益的增值率，实现资产的快速增值，让投资者充分享受基金市场的高收益。

发展账户的投资策略为采用较稳健的投资策略，在保证资产安全的前提下，通过对利率和证券市场的判断，调整资产在不同投资品种上的比例，力求获得资产长期、稳定的增长。在基金品种的选择上采取主动投资的方式，关注公司信誉良好、业绩能保持长期稳健增长、从长远看市场价值被低估的基金品种。

保证收益账户的投资策略为采用保守的投资策略，在保证本金安全和流动性的基础上，通过对利率走势的判断，合理安排各类存款的比例和期限，以实现利息收入的最大化。

投资连结保险的投资部分的回报率是不固定的，未来投资收益也具有一定的不确定性，保单价值将根据保险公司实际投资收益情况确定。一方面，保险公司投资收益比较好时，客户的资金将获得较高的投资回报；反之，客户将承担一定的风险。另一方面，正是由于取消了保单固定利率，所以保险公司可以制定更加积极的投资策略，通过对资金的有效组合和运用，资金能发挥更大的效率。这样投保人就有可能获得比采用固定利率的传统人寿保险更好的投资收益。

3. 购买投资型保险要注意这些

作为一种投资理财产品，投资型保险丰富了人们的投资理财渠道，满足了消费者在保险合同期限内追求资本收益率的需求。那么，购买这种保险时，我们应该注意什么呢？购买投资型保险应注意五点。

①在购买保险时，应按照第一保护、第二投资顺序进行保险，避免在没有任何保护的情况下，以投资回报为重点来购买保险。还应当明白，保险是一种稳健型、长期性投资渠道，但不是唯一的投资渠道，更不是一种一夜致富式的投资渠道。

②保险费应与支付能力相匹配。一般来说，一个家庭的年保险费应该控制在家庭年收入的10%~15%。消费者在购买前应充分考虑自己的实际支付能力，并根据自己的能力行事，而不能因为一时的冲动而承担过重的经济负担。

③注意区分各种投资型保险产品的预期投资收益水平和风险度。分红险和万能险主要适合投资风格比较稳健、风险承受能力较低的投资者；投资连结险是一款高风险、高收益的投资型保险产品，适合在证券市场处于上升趋势时进行投资，更适合长期持有。购买投连险前，投资者应该进行风险承受能力水平测试，然后根据自己的风险承受能力，构建保险理财组合。

④了解清楚产品的保险期间。从理财配置的角度来说，保险理财产品的流动性并不强，适合将中长期不用的资金用来做理财配置。如果是短期急用的资金，不建议进行保险理财。

⑤最后还有一点需要非常注意，那就是我们需要充分理解保险条款中关于保险责任、支付方式、保险期

限、免责条款、合同解除等内容，履行告知义务。同时，还要了解保险产品10天迟疑的规定，以使保护投资者权益。

第四章 离开始，还差两步！

（一）第一步：分析你的财务状况

理财规划的第一步，应该从认清自我的财务状况开始。财务状况的好坏，直接影响到生活质量和理财规划，如果经常入不敷出，那么财务状况肯定是有问题的。如果仅仅勉强持平，且没有任何应急资金和保障措施，也是不健康的财务状况。理财的目的就是通过资产配置、运用金融工具，实现安全、有增长的财务状况。

审视自己的财务状况，才能知道自己有多少钱可以用来理财。简单来说，财务状况分析就是要搞清楚四个问题：你现在有多少资产？你现在有多少负债？你将来会有多少收入？你将来会有哪些支出？可以通过两张表来搞清楚这四个问题。

第一张表是资产负债表。对于个人或家庭而言，资产负债表能够帮我们尽快地了解自己的财务状况，知道自己有多少钱可以用，有多少钱需要还。这里，我们只统计可用于投资的流动资产。

个人/家庭资产负债表

<table>
<tr><th colspan="2">资产项目</th><th>金额</th><th>负债项目</th><th>金额</th></tr>
<tr><td rowspan="3">银行存款</td><td>活期</td><td></td><td rowspan="3">借款</td><td rowspan="3"></td></tr>
<tr><td>定期</td><td></td></tr>
<tr><td></td><td></td></tr>
<tr><td rowspan="3">移动端钱包</td><td>支付宝</td><td></td><td rowspan="3">信用卡还款</td><td rowspan="2"></td></tr>
<tr><td>微信</td><td></td></tr>
<tr><td></td><td></td><td rowspan="3"></td></tr>
<tr><td rowspan="5">投资产品</td><td>银行理财</td><td></td><td rowspan="3">花呗还款</td></tr>
<tr><td>基金</td><td></td></tr>
<tr><td>黄金</td><td></td><td rowspan="4"></td></tr>
<tr><td>股票</td><td></td><td rowspan="3">其他</td></tr>
<tr><td></td><td></td></tr>
<tr><td>其他</td><td></td><td></td></tr>
<tr><td colspan="2">资产合计</td><td></td><td>负债合计</td><td></td></tr>
<tr><td colspan="2">个人/家庭净资产
（=资产−负债）</td><td colspan="3"></td></tr>
</table>

“搜刮”了自己的所有口袋，把放在各个地方的小钱汇聚到一起，是不是觉得自己其实还蛮有钱的？要记住，保持良好的记账习惯，做到对自己的钱心中有数，这是投资理财的重要一步，也是小钱致富的关键。

上表反映的只是你的财富存量，即你在某一时间点上（某年某月某日某一刻）所积累的所有财富，也就是说，它反映的是过去。而投资理财除了要考虑财富存量外，还需考虑财富流量，即在未来的某一段时间内（某年某月某日某一刻至某年某月某日某一刻）你会增加多少财富。而未来的一段时间里你能够获得的收入对你的投资决策至关重要。因此，在搞清楚自己的财富存量之后，还需要清楚自己或家庭在未来一段时间内较为稳定的收入（即财富流量）有多少。

和收入相伴的是生活支出，也就是生活成本。生活成本是指人们为购买产品与服务以达到特定的生活水平所花费的金钱。据统计，我国城市生活成本排名前十位的城市依次为香港、上海、深圳、大连、北京、台北、天津、广州、青岛、苏州。生活成本指数不断上涨，工资却在原地踏步，生活压力可想而知。许多人把高欲望和高消费当成是高品质的生活。其实，高消费不等于高品质，低成本不等于穷日子。“低成本，中收入，高品质”应是我们追求的目标。

因此，第二张表需要统计收入与支出的具体数额，只有清楚自己有哪些收入来源，有哪些支出，才能对症下药，想办法提高储蓄水平，更好地让自己的资产保值增值。

月度/年度收支情况统计

记录时间：　　年　月　日			
收入		**支出**	
本人总收入		饮食	
其中：基本工资		购物	
奖金		交通	
提成		休闲娱乐	
配偶总收入		人情	
其中：基本工资		旅行	
奖金		房贷	
提成		其他（注明）	
其他收入			
收入合计		支出合计	
结余（收入−支出）=			

根据上面两张表统计的数据，我们还可以做一个财务状况的数据分析。具体的分析指标包括负债比率、储蓄比率、支出比率、流动性比率、负债收入比率等。

负债比率=负债项目总额÷资产项目总额。一般而言，50%以下的负债比率比较合理，表明个人或家庭出现财务危机的可能性比较小。

储蓄比率=（银行存款+移动端钱包）÷资产项目总额。储蓄比率较高，说明储蓄充足，生活压力小，这时可以适量增加投资产品的比例，使资金增值。

支出比率=总支出÷总收入。支出比率越低，说明可用来投资的资金越多。

流动性比率=（银行存款+移动端钱包）÷每月支出。例如，流动性比率是8，则意味着流动性资产可以满足8个月的开支。一般而言，流动性比率控制在3～6比较合适。流动性比率偏高时，需要对资产进行调整。

负债收入比率=月负债÷月税前收入。从财务安全角度看，该指标如果在0.4以下，其财务状况属于良好状态。如大于0.4，则继续进行借贷融资会出现一定的困难。要保持财务的流动性，该指标一般在0.36左右较合适。

（二）第二步：制订你的投资理财规划

投资理财的终点是实现个人的目标，包括个人和家庭的财务需求目标，生命周期各阶段的财务目标、人生目标等，而不仅仅是财富的增值。如何做好投资理财规划是一个可以贯穿人一生的话题，需要不断地学习和完善，并结合客观环境来实现。

人生会经历很多年龄段，但是无论处在哪个阶段，在进行投资理财时都需要合理分配自己的资金。如果将理财目标与人生目标结合起来，就会发现，每个人的财务状况都是独一无二的，理财规划也因此变得不可捉摸。人生目标和规划这个命题看似很大，但是可以大致划分出几个大的目标事件，比如结婚、买房、装修、子女教育、家庭保障、养老退休等。不管是短期目标还是长期目标，最好量化到具体要准备多少钱，再为这些重要的节点做好流动性资金的准备和管理。

每个人的财务状况不同，风险偏好程度不同，理财目标也不同，因此，要结合实际情况，进行战略性的投资理财规划。

标准普尔家庭资产分配法是一个比较著名的家庭资产分配策略，具体来说，就是10%的资金用来做3～6个月的生活费；20%的资金用来做保命的钱，以应对家庭突发的重大开支；30%的资金用来追求投资的高收益；剩下40%的资金用作保本升值。

另外，最常见的资产分配策略有“532”型、“433”型。

“532”型是一种稳健型的分配策略，就是指将50%的资金投资于固定收益类产品中，如定期存款、保险、国债等；将30%的资金投资各种货币基金和企业债券；将20%的资金投资股票等高风险资产。这种分配策略最常见，适用于绝大多数的人。其特点是稳健，收益也相对较好。

“433”型是一种相对激进的分配策略，就是指将40%的资金投资固定收益类产品；将30%的资金投资各种货币基金和企业债券；将30%的资金投资股票等高风险资产。这种分配策略比较适用于30岁以下的年轻人或投资经验丰富的人。

成功的理财规划是有计划、有步骤、持续地执行并能及时调整的理财方案。所以，在不同的生命阶段，需要做出有区别的投资理财规划。下面细分了6个生命阶段，针对不同的生命阶段特点给出了不同比例的投资理财分配建议。

（1）单身时期的投资理财攻略。

处于这个阶段的多为职场的新人，年轻而富有朝气，职业及价值观等变数尚多；收入普遍较低，主要为劳动性的收入（工资、奖金）；支出主要为房租、个人用品、社交支出、交通、通信、旅游、进修等。

这个阶段的年轻人生活负担小，也没有什么后顾之忧，因此可以拿出部分储蓄进行风险较高的投资，以积累投资理财的经验。另外，由于此时负担较轻，年轻人的保费又相对较低，可以给自己买一点人寿保险，减少因意外导致收入减少或负担加重的情况。

因此，针对这个阶段的投资理财建议是：60%的资金用于投资风险较大、长期回报高的股票、基金等金融品种；20%的资金用来做定期储蓄；20%的资金用来做活期储蓄，以备不时之需。

（2）家庭形成期的投资理财攻略。

家庭形成期也叫筑巢期，是指从结婚到子女出生的一段时间。这个阶段的人，事业处在成长期，追求收入成长，家庭收入逐渐增加。但这一时期也是家庭消费的高峰期，虽然收入有所增加，生活趋于稳定，但为了提高生活质量，往往需要支付较大的家庭建设费用，如支付房贷等。另外，正常的家计支出、礼尚往来等，这部分支出也会大大超过单身时期的支出。还有一部分人会为了学业考虑深造，也会产生一笔不小的支出费用。不久的将来，还要面对孩子出生、读书等压力，因此需要合理安排家庭建设的费用支出，做出合理的投资理财规划，为将来可能发生的大额支出做好准备。

从整个家庭生命周期来看，这个时期的家庭理财规划可能最为重要，在以后的各个阶段只要根据家庭情况的变化对这个规划进行相应的调整即可。这个阶段应适当减少高风险资产的投入比例，增加活期储蓄来保证资金的流动性。

针对这个阶段的投资理财建议是：50%的资金用于投资股票或成长型基金；35%的资金投资于债券和保险；15%的资金留作活期储蓄。

（3）家庭成长期的投资理财攻略。

家庭成长期的时间段的起点是生子，终点是子女独立，也就是夫妻双方的年龄在30～55岁的时候。在这个阶段，夫妻双方或一方正处于事业的成熟期，收入大幅增加，家庭收入应处于一生中增长最快的时期。但这个阶段的支出也很多，如子女教育的费用、一家几口的生活支出、人情往来、赡养父母的费用等，有一定经济基础后还要考虑换房换车，还要为自己的健康、养老做一定的准备，等等。这个阶段的整体状态就是责任重、压力大、收大于支、略有盈余。

因此，针对这个阶段的投资理财建议是：用日常收入的30%投资房产，在生活安稳的基础上获得长期、稳定的回报；40%的资金投资股票等风险较高、收益也较高的产品；20%的资金用来投资较为稳健、收益有保障的产品，如银行定期存款、国债等；10%的资金还是放在活期储蓄中，以应对家庭日常不确定的支出。

（4）子女大学教育期的投资理财攻略。

子女大学教育期是指子女上大学到毕业的4～7年的时间。这一阶段子女的教育费用和生活费用猛增。对于已经积累了一定财富的家庭来说，不会感到困难。因此可以继续发展投资事业，创造更多财富。但对于家庭资产并不充足或子女不止一个的家庭来说，就会有一定的负担。这个阶段的重点应该是保证子女的教育费用和生活费用，确保子女顺利完成学业甚至进一步深造。

因此，针对这个阶段的投资理财建议是：40%的资金用于股票或者成长型资金的投资，但要严格控制风险；40%的资金用于银行存款或购买国债，追求稳定的投资回报，以支付子女的教育费用和生活费用；10%的资金用来购买保险，为家庭的各个成员提供一份长远保障；剩余10%的资金留作活期储蓄，以备家庭生活支出。

（5）家庭成熟期的投资理财攻略。

这个阶段是指子女开始工作到自己退休前的一段时间。这个阶段中，夫妻双方或一方的工作能力、经济状况已经基本稳定，再加上子女已经经济独立，家庭负担逐渐减轻，因此理财的重点在于积累财富，扩大投资，可以增加一定的风险投资。赡养父母的费用是这一阶段需要重点考虑的支出，另外，还需要为自己和配偶存储一定的养老金。随着退休年龄的接近，应逐步降低风险较高的投资比重。而保险是一种强制性的储蓄，有利于积累养老金和资产保全，因此在这个阶段应加大其投资比重。在保险产品的选择上，应偏重于商业养老保险、重大疾病险等险种。

因此，针对这个阶段的投资理财建议是：50%的资金用于股票或同类基金；20%的资金用于购买商业保险等险种；20%的资金用于定存或国债；剩下的10%依然留作活期储蓄。

（6）退休以后。

退休以后应以安度晚年为目的，保持健康的身体和愉悦的心情最重要。这个时期的投资和花费通常都比较保守，最好不要进行新的投资，更不要进行风险投资。

因此，针对这个阶段的投资理财建议是：50%的资金用于定期储蓄或进行一定的银行理财，50%的资金用于活期储蓄。

在任何一个阶段，都需要根据流动性、安全性和变现性的目标要求，设定最合适的理财策略，建立理财工具的合理组合。需要注意的是，之后还要随时注意分析宏观经济以及市场行情的变化，随时修订理财策略组合。若遇到个人或家庭状况有大的变动，可以按照原先考虑的步骤再重新来一次。

在制订完适合自己的理财方案之后，就需要马上去实践。每个阶段都要严格按照时间节点检查进度，看看现在与目标的距离有多少，总结和完善后继续执行。

实现目标是一个漫长的过程，不可能一蹴而就，请从眼前着手，从短期目标开始行动。熟练之后，多多分享经验，还能从交流中学习到别人的规划经验。

总之，要合理配置自己的资产，在对自己的财务状况进行分析后，考虑个人的风险承受能力，确定自己的理财目标，分阶段地做出自己的投资理财规划。还要明白，投资理财的规划是因人而异的，绝对不存在最佳标准，按需进行资产配置才是最恰当的投资理财方式。

在理财的世界，你的格局有多大，未来就有多宽、多广。每个人的理财能力是有差异的，不必焦虑，脚踏实地走好每一步，在理财的实践中一点点地摸索适合自己的理财方式，每天就会向梦想靠近一点点。

第五章 这几个理财坑，千万别踩！

（一）还没入市，可千万别被这些坑了！

当我们想靠炒股赚钱的时候，必须提前做好功课，规避股票市场的一些坑。毕竟炒股的风险比一般理财方法的风险更大，万一不小心“行差踏错”，一年甚至几年的存款就付诸东流了。那么我们究竟要躲开哪些坑呢？首先，就是股票市场之外存在的一些陷阱。一旦你踏进这些陷阱，可能还没开始炒股，就已经损失掉自己的本金了。以下是股票市场的几个陷阱，千万记得避开！

①轻信炒股大神。

随着互联网社交的兴起，有一些号称炒股大神的人，利用博客、QQ、微博、微信等社交媒体吸引人们加入会员，例如，几年前的带头大哥等人，通过自吹自擂、有选择性地晒交割单、造假交割单等手段，树立自己股市专家的形象，吸引粉丝加入荐股交流群，加入有偿会员，诱导会员们盲从交易，如果会员亏损，就将会员踢出群，断绝往来。

②轻信炒股神器。

有一些人编写了一些公式，或制作分析软件，号称炒股神器，鼓吹它们的效能，骗取股民的服务费。其实这些公式和软件毫无价值，只会欺骗股民瞎买一通，而股民一旦购买，必然损失惨重。

③让私人理财机构代理操盘。

一些私人理财机构打着代客操盘和利润分成的旗帜，冒充高大上的市场高手，投资者拿出资金任其代理后，往往以巨额亏损告终，骗子机构则关门跑路，投资者一旦进入圈套，可能血本无归。

④轻信冒充的私募。

一些骗子自称是一线私募或机构知情者，对投资者吹嘘掌握了内幕消息骗取服务费和信息费，诱骗投资者盲目跟风买卖。有的还会向投资者发送什么绝密操盘资料，并用小资金做盘吸引跟风，股民们熟悉的“钓鱼线”大多是这类骗子做局“套人”的走势，稍一追涨，就会被挂在“树梢”上。

⑤轻信冒充的券商。

有些骗子假冒券商或基金公司的工作人员，利用公众对专业机构的信任招摇撞骗。他们甚至能提供假冒的公章和证照，骗取投资者缴纳会费获得荐股或者合作。正规机构对此一无所知，却被熟知这些机构的不法之徒狐假虎威，设局骗人。

⑥轻信冒充证券业的专家学者。

这群人根本没有投资咨询业务资格，却广招学员，培训讲课，骗取培训费。纸上谈兵式地讲解各种股市战术和投资技巧。碰巧猜对了一两只涨停板，就在学员面前自吹自擂。在各大股吧和炒股论坛中吆五喝六、招摇撞骗的“大神”很多，切记不要轻信。

⑦轻信媒体专家。

许多人号称专家，利用自己在知名媒体做节目搞访谈的机会，任意吹嘘个股，等投资者跟风买进后，立即用“抢帽子”的方式抛出获利。最典型的案例是廖英强利用其知名证券节目主持人的身份，在上午节目荐股前入手一只股票，在荐股后的下午集中卖出。廖英强被中国证券监督管理委员会共罚没1.29亿元。他当然不是孤例，只是创造了至今对个人“黑嘴”的处罚之最。

以上这些坑的根源都是“羊群效应”。盲目的从众心理，是绝大多数人在股市里失败的重要原因。许多人盲目进入股市，盲目买卖股票，没有进行什么技术分析，没有什么策略，光是听信别人的建议，这样的股民最容易被套住，最容易发生巨大的亏损。以上这七种形式，是股市“黑嘴”最常见的形式。股市“黑嘴”往往装神弄鬼，纸上谈兵，以吸粉为目的，恶意误导投资者以从中渔利。当然，股市的陷阱远不止于此，我们一定要擦亮眼睛，脚踏实地地做好功课，炒股一定要基于自己的判断，不能轻信任何人。如果你做到了这一点，就可以进入股市了。

（二）代销理财产品&自有理财产品？小心银行“飞单”！

2012年2月，北京通商国银资产管理公司作为普通合伙人发起“中鼎财富通航”股权投资计划，投资者作为有限合伙人加入该计划。自然人投资者认购门槛50万元，机构投资者认购门槛500万元。该产品的预期收益率非常高，购买50万～100万元的预期年化收益率为11%，100万～300万元为12%，300万元以上为13%，产品存续期24个月，但投资者12个月后可赎回。中鼎系列产品经过介绍，由华夏银行高级业务经理濮某私自引进，在嘉定支行网点内向客户出售。由于起投门槛较高，所以面对的基本都是高端客户。且以前由濮某代销的产品都做到了如期偿付，因而客户对他比较信任。中鼎系列产品的销售历时4个多月，共募集资金1.19亿元。然而，所募集的资金都未被用于计划书所公示的项目。结果是，中鼎系列产品到期后无法兑付。心急如焚的投资者们在要求华夏银行为该产品兜底未果后，开始聚集在华夏银行上海嘉定支行门口前要求该行还钱，并通过微博发布消息，随后事件引起了社会广泛关注。这就是轰动一时的华夏银行“飞单”事件。

所谓银行“飞单”，就是指银行工作人员利用投资者对银行的信任，出售不属于银行自身的理财产品，从中获得高额的佣金提成。

银行的理财产品通常分为两种：银行自有理财产品和代销产品。银行自有理财产品，因为有银行自身信用背书，安全性相对较高。银行的代销产品，是指商业银行通过银行营业网点或网上银行等渠道，向客户销售合作机构的投资产品。银行代销产品的经营主体可以是基金公司、保险公司、信托公司等外部机构。因此相关产品的设计、投资、管理等均由基金公司、保险公司、信托公司等外部机构负责，以发行机构自身的信用做保障，银行不负责管理，也不负担相应责任。虽说这类产品并不代表高风险，但风险却要比银行自营的高得多，一旦出了问题，银行往往会认为这是员工的个人行为，拒不承担相关责任，这时就会出现“飞单”。这样一来，对于客户来说，资金失去了银行严格风控的保护就很容易“打水漂”。

所以，在购买理财产品之前，投资者有必要先辨别清楚产品是银行自有还是代销，如果是代销产品，还要搞清楚具体的发行机构。不要轻易相信一些银行客户经理所做的“保本保息”的承诺，应以产品说明书上的描述为准。为避免被误导，投资者在签订产品合同时，必须重点关注两点。一是产品类型。要注意产品合同中是否注明保本，如合同中无相关条款，客户经理的承诺就没有法律效用。二是产品风险评级。对于不太熟悉银行理财产品的投资者，应选择购买风险评级较低的产品。且一般而言，收益率越高的产品越需要仔细了解，因为这很有可能就是代销产品。

那么，有什么办法能判断自己是否被“飞单”了呢？对此，投资者在购买相关理财产品时，可以通过关注资金是汇入银行账户还是汇入银行代销产品的机构账户，来鉴别是银行自有理财产品还是代销理财产品。投资者在银行购买理财产品均须通过柜台或自助渠道进行认购操作，凡是被要求向个人或第三方公司账户转账或汇款的，就要提高警惕，并注意查看业务办理回执中的收款账户和自身的账户明细。在一些银行披露的“飞单”案件中，钱款都是直接由受让人账户划到转让人账户，而未通过银行账户。

还有一种辨别银行自有理财产品和代销理财产品的方法，就是登录权威网站查询。银行自有的理财产品，均会在产品说明书正文显著位置标注产品登记编码（以“C”开头的14位数）。投资者可在中国理财网（https：//www.chinawealth.com.cn/zzlc/index.shtml）输入产品登记编码，查询和验证产品。如果可以查询到，那就证明这款产品是银行的自有理财产品。对于代销产品，投资者则需要到银行系统和官网等官方正式渠道查询相关信息。

最后再次强调，在购买银行理财产品前，投资者一定要先了解购买的理财产品是银行自有产品还是代销产品，以避免不必要的风险。

（三）七日年化收益率也会骗人？

最近两三年来，货币基金一直徘徊在“2”时代和“3”时代，这也是货币基金市场趋于理性发展的表现。但偶尔仍会有几只货币基金的七日年化收益率超过4%，甚至达到6%、7%，投资者也纷纷将目光投向货币基金。然而，这种高的七日年化收益率好像并不稳定，会突然猛地下跌或猛地上升，这是为什么呢？

这其中的猫腻就在于基金公司为吸引投资者，故意做高七日年化收益率。

七日年化收益率的计算方法就是用过去七天的每万份基金净收益加总后再进行年化处理。因此，七日年化收益率只能反映过去七天的收益情况，而不能体现当前收益水平。收益波动剧烈的基金与收益走势平稳的基金可能拥有相同的七日年化收益率。也正是这一特点，给了基金公司操作的空间。

具体怎么操作呢？举个例子，债券是货币基金重要的投资渠道之一。货币基金的预期年化收益是按天来分配的，而债券的利息会在约定的某一天支付，当某天到期的债券等比较多时，当天的每万份预期年化收益就会特别高。七日年化是将七天的万份预期年化收益进行平均，因此也会被瞬间拉高。这时，基金公司就可以打出6%、7%甚至10%以上的高七日年化收益率。除此之外，一些规模较小的基金，因为资金规模有限，不能做到每天都有稳定的投资额和到期存款额，这样也可能会导致七日年化收益率波动较大甚至某天蹿高。

所以，在选购货币基金时，一定要擦亮眼睛！七日年化收益高并不能代表近期的平均收益哦！投资者在购买时应更多地关注每万份基金净收益，这个指标越高，投资人获得的真实收益就越高。具体来说，选购时要注意近3个月、近6个月和近一年内的万份收益和七日年化收益率的波动情况，如果波动很大，建议不要购买。另外，还可以关注货币基金在不同时间段的四分位排名，建议购买在排名中名列前茅的品种。

千万不要被虚高的七日年化收益率迷惑，将资金挪来挪去，选择一个稳定且方便的货币基金才是王道！

（四）小心！理财骗子可能盯上了我们的父母！

大部分的理财陷阱往往都是针对老人，因为这些老人们手里一般都会有笔闲置资金，想理财又不太懂理财知识。而且老年人由于缺乏一定的风险防范意识，获取市场行情的信息渠道窄，再加上耳根软，空闲时间多，比较容易相信别人，所以屡屡成为金融骗子诈骗的对象。下面，就介绍几个老年人常常会中招的理财骗局，希望引起大家的注意！

①“以房养老”骗局。

退休后，老人们面临的一大问题就是养老金的问题，他们的想法很简单，就是希望依靠理财产品的高收益来解决自己的养老资金问题。

房子牵动着中国亿万人的心，以房养老本是试图解决我国居民养老问题的方法，却被骗子作为行骗的手段。在这种骗局中，涉事公司往往打着国家有关部门的旗号，赢得老年人的信任，哄骗老人们“以房养老”，承诺在房产证交给第三方的情况下，并不影响房主的正常居住，房主每个月还能获得一笔高息的养老金，当房主去世后，房屋的所有权和使用权可以顺延给儿女或继承人。其实，骗子公司所谓的“以房养老”就是拿老人们的房子去做抵押贷款，再用贷款做投资。这种情况下，风险完全由老人承担。骗子公司如果投资得当，还会按时给老人支付约定的收益，如果经营不善，往往会卷款潜逃，老人们就会面临自己的房屋被拿去拍卖的风险。

还有的骗子会以投资养老公寓、养老院等为名，进行类似形式的非法集资，其幌子都是高额的投资回报。

②“收藏品”骗局。

所谓的收藏公司一般会宣传有很多外国货币和艺术品可供收藏，并承诺定期会对这些艺术品进行高价回收，在老年人购买了“收藏品”后，收藏公司往往人去楼空。

③“高科技公司”骗局。

这类公司宣传通常以“科技”为卖点，新发明的绿色保健食品，祛皱美容、让人重返年轻的护肤品等，并承诺投资、卖产品都有高额分红，老年人投资后只会拿到一堆“鸡肋”的产品。想要回本金，只能通过发展“下线”的方式继续坑害亲友。

除了以高额投资回报吸引老年人进行投资以外，骗子还会使出免费游玩、低价旅游、发放小礼品，甚至细致入微地照顾老人等招数，降低老人的戒备心理，从而放心地把钱交给骗子进行所谓的理财。

所以，年轻人就要掌握这种理财骗局的常见模式，并且多多关心老人的生活，多和老人沟通，懂得对家中老人循循善诱。而作为老年人，想要理财的话不一定要直接让子女代理，但一定要和子女沟通，说明情况。事实证明，骗子的手段并不高明，只要老人和子女商量一下，80%以上的骗局都会被识破。

附录1

叮！这里有一份有关收益的名词解释，请查收！

1．复利法

复利法是换算资金时间价值的一种方法。使用这种方法，本金要计算利息，利息也要计息。具体来说，是指按一定期限（如一年或一季）将一期所生利息加入本金后再计算下期利息，逐期滚算直至借贷期满的一种计息方法，人们俗称“利滚利”“驴打滚”。

2．单利法

单利法与复利法相对应，也是换算资金时间价值的一种方法。使用这种方法，本金计算利息，利息不再滚利。

3. 固定收益

固定收益是按预先规定的比率支付的收益。如大多数债券和优先股等证券都要规定一个固定不变的利率和股息率，这类证券也因此被统称为固定收益证券。谋求固定收益的投资者可以不用担心自己的收益会受到公司经营业绩不佳的影响，但在市场利率发生变动或发生通货膨胀的情况下，固定收益证券就不能保证投资者收益固定不变了，投资者的收益常常会受到不利的影响。因此，固定收益是相对的。

4. 浮动收益

浮动收益产品指由投资人出资，并由具有专业能力的管理人管理的理财产品，如投资未获利，则投资人亏损资金；如获得收益，则投资人和管理人按一定比例分配收益（一般行规是二八分，即投资人获得80%的超额收益，管理人获得20%的超额收益）。浮动收益产品基本没有任何措施保证本金安全。因此浮动收益的产品风险较大，特别是投资人对于风险难以判断的时候。保本浮动收益适合中等收入、风险承受能力较强的投资人。而非保本浮动收益适合资产较多、风险承受能力强的稳健理财投资人。

5. 预期收益

预期收益也称为期望收益，是指如果没有意外事件发生时根据已知信息所预测能得到的收益。通常未来的资产收益是不确定的。不确定的收益可以用多种可能的取值及其对应的概率来表示，这两者的加权平均，即数学期望值，就是资产的预期收益。在投资理财中，预期收益的重要性，怎么强调都不为过。它是进行投资决策的关键，输入变量计算。不对它做出估计，什么买卖决策、投资组合都是空谈。它不仅对投资者重要，对于公司管理者来说，也同样重要，因为公司股票的预期收益是影响公司资本成本的主要因素，关系到公司将来投资项目的选择。

6. 名义收益率

名义收益率就是金融资产票面收益与票面额的比率。如某种债券面值100元，10年偿还期，年息8元，那么该债券的名义收益率=年息÷面值×100%=8%。

7. 实际收益率

实际收益率是名义收益率剔除通货膨胀因素后的收益率，即实际收益率=名义收益率-通货膨胀率。假设该债券的发行年份中，某一年的通货膨胀率是2%，某债券的名义收益率是8%，那么当年该债券的实际收益率就是8%-2%=6%。

8. 年收益率

年收益率指一笔投资一年实际收益占投资本金的比率。比如投资10000元，一年后收益365元，则年收益率为365÷10000×100%=3.65%。

9. 年化收益率

年化收益率仅是把当前收益率（日收益率、周收益率、月收益率）换算成年收益率来计算的，是一种理论收益率，并不是真正的已取得的收益率。例如，日收益率是万分之一，则年化收益率是3.65%（平年是365天）。

10. 现时收益率

现时收益率又称即期收益率，是债券的年息除以债券当前的市场价格所计算出的收益率。它并没有考虑债券投资所获得的资本利得或是损失，只在衡量债券某一期间所获得的现金收入相较于债券价格的比率。

11.持有期收益率

持有期收益率是一个重要的投资效率指标，它是指从购入到卖出这段特有期限里所能得到的收益率。

12. 平均收益率

平均收益率又称平均报酬率，是指投资项目年平均净收益与该投资项目平均投资额的比率，为扣除所得税和折旧之后的项目平均收益除以整个项目期限内的平均账面投资额。股票的平均收益率是指总收益率除以股票个数。基金的平均收益率是将基金每月收益率的平均值年度化后的统计值，并用于计算基金回报的标准差。

13. 到期收益率

所谓到期收益，是指将债券持有到偿还期所获得的收益，包括到期的全部利息。到期收益率又称最终收益率，是投资购买债券的内部收益率，即可以使投资购买债券获得的未来现金流量的现值等于债券当前市价的贴现率。它相当于投资者按照当前市场价格购买并且一直持有到满期时可以获得的年平均收益率，其中隐含了每期的投资收入现金流均可以按照到期收益率进行再投资。

14. 投资回报率

投资回报率是指通过投资而返回的价值，即个人或企业从一项投资活动中得到的经济回报。其值为年利润÷投资总额×100%。投资者可以通过这个算式判断自己的投资收益情况。

附录2

理财，你必须知道这20个网站

1. 中国理财网

https：//www.chinawealth.com.cn/zzlc/index.shtml

中国理财网是经中国银行业监督管理委员会批准建立的全国银行业理财产品信息披露门户网站，由中央国债登记结算有限责任公司设计、开发、运营、维护和管理。该网站与全国银行业理财信息登记系统、理财直接融资工具和理财资产管理计划共同构成了三位一体的系统架构，是我国理财市场重要的基础设施之一。

2. 中国人民银行官网

http://www.pbc.gov.cn/

中国人民银行，简称央行，是中华人民共和国的中央银行，中华人民共和国国务院组成部门。在国务院领导下，制定和执行货币政策，防范和化解金融风险，维护金融稳定。其官方网站提供了最权威的国家金融经济政策和法规。

3. 各家银行官方网站

如中国银行官方网站 http://www.boc.cn/，中国建设银行官方网站 http://www.ccb.com/cn/home/indexv3.html，中信银行官方网站 http://www.citicbank.com/，等等。

各家银行的官方网站，不仅能够帮助办理相关业务，还有投资理财产品的系统且详细的介绍。另外，某些银行的官网上还提供了大量的市场信息，如中国银行官网上设有“金融市场”分析一栏，提供了较为专业的外汇、黄金、债券、证券等市场的分析报告，可供投资者参考。

4. 中华人民共和国商务部官网

http：//www.mofcom.gov.cn/

中华人民共和国商务部是中华人民共和国设立的主管国内外贸易和国际经济合作的部门，隶属于中华人民共和国国务院，是投资者了解我国的商务政策、判断宏观经济走向的重要信息渠道。

5. 国家统计局官网

http：//www.stats.gov.cn/

国家统计局是国务院直属机构，主管全国统计和国民经济核算工作，拟定统计工作法规、统计改革和统计现代化建设规划以及国家统计调查计划，组织领导和监督检查各地区、各部门的统计和国民经济核算工作，监督检查统计法律法规的实施。国家统计局网站是投资者获取各类宏观数据的权威渠道。

6. 中国执行信息公开网

http: //zxgk.court.gov.cn/

中国执行信息公开网由中华人民共和国最高人民法院版权所有，可以提供黑名单、“老赖”、全国法院失信被执行人名单等的查询。

7. 全国公民身份证号码查询服务中心

http: //www.nciic.com.cn/framework/gongzuo/

2001年3月27日，中央机构编制委员会（中编办〔2001〕36号）批准公安部成立全国公民身份证号码查询服务中心，负责建设、管理和运营全国人口信息社会应用平台，为政府部门、社会各界提供公民身份信息认证和统计分析服务。

8. 中国证券监督管理委员会官网

http: //www.csrc.gov.cn/pub/newsite/

中国证券监督管理委员会，简称中国证监会，是国务院直属正部级事业单位，其依照法律、法规和国务院授权，统一监督管理全国证券期货市场，维护证券期货市场秩序，保障其合法运行。在其官网上，投资者可了解我国证券行业的最新信息，并获得相关风险提示与防范。

9．中国银行保险监督管理委员会官网

http：//www.cbrc.gov.cn/chinese/newIndex.html

中国银行保险监督管理委员会，简称中国银保监会或银保监会，正式成立于2018年，是由原中国银行业监督管理委员会与原中国保险监督管理委员会合并而成。在其官网上，投资者可以了解最新的银行和保险行业的政策法规，查询保险公司的资质，还可以链接到原中国银行业监督管理委员会与原中国保险监督管理委员会的官方网站，获取更多信息。

10．国家企业信用信息公示系统

http：//www.gsxt.gov.cn/index.html

国家企业信用信息公示系统由国家市场监督管理总

局主办，于2014年2月上线运行。其公示的主要内容包括市场主体的注册登记、许可审批、年度报告、行政处罚、抽查结果、经营异常状态等信息。

11. ICP/IP地址/域名信息备案管理系统

http：//beian.miit.gov.cn/state/outPortal/loginPortal.action

不管是买股票、买基金还是其他投资产品，最好需要登录相关公司的官方网站，了解其股东成分、财务报表、经营情况等信息，以便对投资产品的底细做详细了解。由国家工业和信息化部主办的ICP/IP地址/域名信息备案管理系统可以查询企业网站是否合法正规。

12. 中国经济网

http：//www.ce.cn/

中国经济网由《经济日报》主办，正式发布于2003年7月28日，目前拥有时政社会、产业市场、金融证券、国际经济、宏观经济等内容板块，下设银行、理财、消费、股市、食品等涵盖经济生活各领域的综合频道100多个，每天对外发布新闻信息10000条左右。

13．中国经济信息网

http：//www.cei.gov.cn/

中国经济信息网，简称“中经网”，是国家信息中心组建的、以提供经济信息为主要业务的专业性信息服务网站，于1996年12月3日正式开通，由中经网数据有限公司负责运营。

14．经济参考网

http：//www.jjckb.cn/

经济参考网是新华社《经济参考报》的官方网站，而《经济参考报》是新华通讯社主办的重点报刊，突出“高端财经+参考性”，追踪重大热点财经新闻、透视和解读重大政策、重大事件和重大趋势，致力于为读者提供权威、实用、高水准、高价值的思想和决策参考。

15. 晨星网

http：//cn.morningstar.com/main/default.aspx

晨星公司是一个跨国公司，有2900名成员分布在美国、加拿大、日本、韩国、澳大利亚、新西兰及中国，为全球的投资者提供关于260000多种基金、股票投资的数据和资讯以及分析工具，包括基金资料查询、基金评级、基金筛选等。

16. 雪球网

https：//xueqiu.com/

雪球成立于2010年，是北京雪球信息科技有限公司旗下投资交流交易平台。雪球一直致力于为中国投资者提供跨市场、跨品种（股票、基金、债券等）的数据查询、资讯获取和互动交流以及交易服务。雪球以连接投资的一切为使命，旗下拥有雪球股票、雪盈证券、蛋卷基金三款移动应用和雪球网站。

17. 金牛理财网

http：//www.jnlc.com/

中证金牛（北京）投资咨询有限公司旗下的金牛理财网是中国证券报和新华网下属基金销售机构。作为中国基金业“金牛奖”的互动网站，它是首家中央新闻媒体下属的基金销售机构，也是现有第三方基金销售机构中的首家国资背景机构。

18. 华尔街见闻

https：//wallstreetcn.com/

华尔街见闻是中国领先的互联网金融服务提供商，为用户提供金融资讯、数据、策略和交易服务，旨在帮助中国投资者理解世界，做投资决策。

19. 东方财富网

http：//www.eastmoney.com/

东方财富网是专业的财经资讯门户网站，提供7×24小时的财经资讯及全球金融市场报价，汇聚全方位的综合财经新闻和金融市场资讯，覆盖股票、基金、财经、金融、行情等多个领域。

20.同花顺财经

http：//www.10jqka.com.cn/

同花顺，是一款功能非常强大的免费网上股票证券交易分析软件，投资者炒股的必备工具。同花顺财经是股票软件同花顺主办的财经网站，是股民们了解股市信息的重要渠道。

附录3

金融网络安全攻略

1．保管好账号、密码和USBKey（或称 Ukey、网盾、U盾等）

（1）不要相信任何套取账号、USBKey和密码的行为，也不要轻易向他人透露您的证件号码、账号、密码等。

（2）密码应尽量设置为数字、英文大小写字母的组合，不要用生日、姓名等容易被猜测的内容做密码。

（3）如果泄露了USBKey密码，应尽快办理补发或更换业务。

2．认清网站网址

网上购物时请到正规、知名的网上商户进行网上支付，交易时请确认地址栏里的网址是否正确。

3. 确保计算机系统安全

（1）从银行官方网站下载安装网上银行、手机银行安全控件和客户端软件。

（2）设置Windows登录密码，Windows XP以上系统请打开系统自带的防火墙，关闭远程登录功能。

（3）定期下载并安装最新的操作系统和浏览器安全补丁。

（4）安装防病毒软件和防火墙软件，并及时升级更新。

4. 提升安全意识

（1）使用经国家权威机构认证的网银证书，建议同时开通USBKey和短信口令功能。

（2）开通短信口令时，务必确认接收短信的手机号码为本人手机号码。

（3）不要轻信手机接收到的中奖、贷款等短信、电话和非银行官方网站上的任何信息。

（4）不要轻信假公安、假警官、假法官、假检察官等以“安全账户”名义要求转账的电话欺诈。

（5）避免在公共场所或他人计算机上登录和使用网上银行。退出网上银行或暂时离开电脑时，一定要将USBKey拔出。

（6）操作网上银行时建议不要浏览别的网站，有些网站的恶意代码可能会获取您电脑上的信息。

（7）建议对不同的电子支付方式分别设置合理的交易限额，每次交易都请仔细核对交易内容，确认无误后再进行操作。在交易未完成时不要中途离开交易终端，交易完成后应点击退出。

（8）定期检查、核对网上银行交易记录。可以通过定制银行短信提醒服务和对账邮件，及时获得银行登录、余额变动、账户设置变更等信息提醒。

5. 建议选择安全等级高的网上银行安全工具组合

安全工具组合	安全等级
USBKey+短信口令	★★★★★
网银证书+短信口令	★★★★
USBKey	★★★
网银证书	★★
短信口令	★★
普通登录	★

注：安全等级根据★的数量由高到低。

（此部分内容摘自中国人民银行官网“金融知识普及读本”，网址为http：//www.pbc.gov.cn/goutongjiaoliu/113456/113466/113489/2806829/index.html）